गुलदस्ता

I0220803

शिवेंद्र श्रीवास्तव

ZB

ZORBA BOOKS

ZORBA BOOKS

Published in India by Zorba Books, 2018

Website: www.zorbabooks.com
Email: info@zorbabooks.com

ISBN Print Book - 978-93-87456-48-8
ISBN eBook - 978-93-87456-49-5

Zorba Books Pvt. Ltd.(opc)
Gurgaon, INDIA

Printed at Repro Knowledgecast Limited, Thane

कविताओं का यह मेरा तीसरा संकलन है ।

'कविता' की यह विद्या बचपन से ही अपनी प्रकृतिगत स्वछंदता तथा व्यापकता के कारण मुझे बहुत अनुकूल प्रतीत हुई है ।

इन पहलुओं का कितना उपयोग कर पाया हूँ वह दूसरी बात है पर इन्हें लिखते हुए मुझे सार्थकता और संतोष का अनुभव हुआ है । यह देश जितना वीरों और संतों का रहा है उतना ही इसकी मिटटी में कवियों और शायरों ने जन्म लिया है । किसी भी कालखण्ड का इतिहास, उसके समाज का विवरण लेखकों और कवियों की लेखनी से बेहतर और कोई नहीं कर सकता । वर्तमान भारत में औद्योगिक प्रगति से वैभव और सम्पन्नता तो बढ़ी है पर इस दौड़ ने हमसे हमारा कीमती समय जो मंथन में जाना चाहिए वो गिरवी रख लिया है । एक विचारशून्यता की स्थिति पैदा कर दी है जहाँ हम क्या कर रहे हैं इसका तो यदा कदा आभास हो भी जाता है पर क्यों कर रहे इस सच का सामना करने का ना तो वख्त है ना ही हिम्मत । उम्मीद है मेरी कविताएँ क्षण भर के लिए ही सही पर एक परियों और चकाचौंध भरी दुनिया से वास्तविकता और यथार्थ की दुनिया में ले जाने का काम करेंगी । यही मेरी लेखनी की सच्ची जीत वही होगी ।

यह पुस्तक समर्पित है मेरे दादाजी स्व. गौरी शंकर श्रीवास्तव (फूफा स्व. लाल बहादुर शास्त्री) एवं नाना स्व.पांडे हरीश चंद्र (पूर्व प्रोफेसर,इतिहास विभाग,गोरखपुर) को जिनका आशीर्वाद मेरे लिए सदैव प्रेरणा-स्रोत रहा है

मैं आभारी हूँ अपने माता-पिता का जिनके लिए धन-वैभव से ज्यादा महत्वपूर्ण शिक्षित और जागरूक संतानें थी । जिन्होंने मुझे गेहूं की चिंता से दूर रखा ताकि मैं गुलाब के सपने देख सकूँ..

आशा है आप सभी पाठकों को यह संकलन पसंद आएगा ...

शिवेंद्र श्रीवास्तव

नाम : शिवेंद्र श्रीवास्तव

जन्म: १ जनवरी १९८७

जन्म स्थान: तुर्कमानपुर ,जिला गोरखपुर , उत्तर प्रदेश

शिक्षा: केंद्रीय विद्यालय, बनारस हिन्दू यूनिवर्सिटी से
इंटरमीडिएट तथा राष्ट्रीय प्रौद्योगिकी संस्थान (एन .आई. टी.)
जमशेदपुर से २००९ में इंजीनियरिंग स्नातक

सेवा : टाटा स्टील (जमशेदपुर), झारखंड में मेनेजर के पद पर कार्यरत

गुलदस्ता

Love is not finding someone to live with.
It is finding someone
whom you can't love without.

बदरा भिगो दो इस बार कोना मेरा
हर बूँद कि प्यासी है ज़मीन भारी

निशब्द है मरुस्थल सा यौवन मेरा
बरस कर बना दो इसे चादर प्यारी

मौसम का इंतज़ार कड़वा जूठा है
निगोड़ी हवा ही बहा दो मुझपर सारी

हल्दी के रंग को अब हरा कर देना
लहलहाये बच्चों सी शरारती क्यारी

यहाँ कौन रह सका है प्रेम के बिना....

खिलना पड़ा बदन को तेरे आने से
ज्यों बन गयी रात झालर तारों से

कुमकुम लगाकर चाँद ने बादल पे
बरसा दी शबनम जलते अंगारों पे

सूरज को कहना सुबो तक न निकले
कर दो रात बड़ी जाड़े के इशारों से

जुगनुओं को इज़ाज़त न दूंगी आज
तड़पन जलन बुझाओ मेरी बहारों से

यहाँ कौन रह सका है प्रेम के बिना..

Sisters's wedding is a tough time for a brother. In the poem I have tried to capture those moments which will always remain deeply embedded in mind. The decoration, the traditional practices, folk songs for every ritual everything is so mesmerizing that you forget that the next morning, a wet sun will rise.

फिर ना माटी साजेगी, फिर ना भांवर रचेगा
फिर ना कुम्हार के अंगना ऐसा शोर मचेगा

फिर ना कुमकुम माथे की सहेली बनेगी
फिर ना बिटिया की नथिया में कील चुभेगा

फिर ना लालता से पाँव रंगे जायेंगे
फिर ना कजरे से आंसूं ढके जायेंगे

फिर ना महावर से बदन धुलेगा
फिर ना हल्दी से ये घर मेह्केगा

फिर ना सोमवारिया व्रत रखे जायेंगे
फिर ना रिवाजों के गजरे गूथे जायेंगे

फिर ना छठी की मटकी तोड़ी जाएगी
फिर ना द्वारे पे रंगोली सजाई जायेगी

फिर ना रागों की डोली उठायी जायेगी
फिर ना पाहुन की नज़र उतारी जायेगी

फिर ना अम्मा बिदाई के गीत गाएगी
फिर ना कभी डोली अपने देश आएगी

फिर ना ..

आज बिदाई है..

*She walks in beauty, like the night
Of cloudless climes and starry skies;
And all that's best of dark and bright
Meet in her aspect and her eyes;
Thus mellowed to that tender
light Which heaven to gaudy
day denies.*

I carry your heart with me....

चल लिख दे रेत पे अपनी ज़ुबानियाँ
गुजरी रातों की सारी कहानियाँ
बाँहों में तेरे मेरा जहां
यादों में दिलबर तेरी निशानियाँ

चल लिख दे रेत पर अपनी ज़ुबानियाँ ....

फिर ऐसा मौका जाने कहाँ मिले
मेरी साँसों में तेरी सांस मिले
मिलकर बन जाए इस धड़कन
घुल कर जिस्मों के पास मिले

चल लिख दे तारों पे अपनी ज़ुबानियाँ
अपने मिलन की सारी बयानियाँ
बाहों में तेरे मेरा जहां
आँखों में दिलबर की परछाइयां..

हमको तू दे दे इतनी दुआ
छूटे ना हमसे अपनी वफ़ा
सुबहें और शामें रंगीन हो
जन्नत कभी न हो हमसे खफा

चल लिख दें सुबह पे अपनी ज़ुबानियाँ
अपने कसमों की सारी खुदाइयां
बाहों में तेरे मेरा जहां
पलकों में दिलबर की अंगडाइयां

चल लिख दे रेत पर......

A glimpse through an interstice caught,
Of a crowd of workmen and drivers in a
bar-room around the stove late of a winter
night, and I unremark'd seated in a corner,
Of a youth who loves me and whom I love,
silently approaching and seating himself near,
that he may hold me by the hand,
A long while amid the noises of coming and
going, of drinking and oath and smutty jest,
There we two, content, happy in being
together, speaking little, perhaps not a word.

I Wanna Be Yours

तुम्हारी आँखों से मेरी आँखों
तक आने वाली रौशनी है प्यार

किसी गुड़हल में छिपा भंवरा या
उगते पौधे को धूप का इंतज़ार

जैसे चकोर पकडे हुए डाल को
कर रहा हो चाँद से गुहार

ओस कि बूंदों से सतरंगी दूब
जैसे खिल उठे मन तुझे देखकर

तृप्त हुआ हो पपीहा जलाधि पर
बरसे जैसे सावन पर मल्हार

अमावस्या के बाद का पूनम भी
क्षीण हो जिस आभा के समक्ष

गोहरी से पकी रोटी की मेहक
ज्यों गन्ने के खेत जवान हो गए

ऐसा हो कुछ तेरा मेरा प्यार

तुम्हारी आँखों से मेरी आँखों
तक आने वाली रौशनी है प्यार

Middle class Indianism brings its own share of challenges and opportunities. I wrote this poem visualizing the struggles back home when a middle class boy steps into a cruel world. He steers thru his career goals but gets continually haunted by the grim sight of the conditions with his parents.

टूटी खपड़ैल का मकान बचा है
मेरी बड़की का गर्भाधान बचा है
बाबू जी के श्राद्ध का दान बचा है
मेरी बुढ़िया का अवसान बचा है
क़र्ज़ का असल और मान बचा है
सीचना खड़ी खेत का धान बचा है
छत का बारिश से घमासान बचा है
बड़की के गौने का सम्मान बचा है
मंझली का अभी कन्यादान बचा है
पक्की सड़क का अरमान बचा है

कुछ मोहलत दे दे यमदूत !!!
खरीदना तेरही का सामान बचा है
तेरे लिए और भी शमशान बचा है

A mother understands
what a child doest not say

Love You Mummy !!!

माँ

तूने रातों में बिजलियाँ ओढ़ी
मेरे दिन के सपनों के लिए

फाड़कर आँचल को बाँधा भी
घावों पर अपनों के लिए

जले हाथ से रोटी पकाई
और कटे हाथ से शिकंजी

सूखे कंठ से लोरी सुनाई
और बनी रही शतरंजी

मीलों नंगे पाँव चली तू
जो जले लालटेन हमारी

छालों से निकला जो रस
बन गया वह फेन तुम्हारी

उन त्यागों का कोई ऋण
चुका सकना अभिमान नहीं

उन भावों का कोई तृण
उठा सकना आसान नहीं

यह रहा प्रण भीष्म का गंगा से
जब तक सभ्यता चलायमान रहे
अविरल तू मेरी माँ बनती रहे
मुझे तेरा पुत्र होने का सम्मान रहे !!!

Modern day Babas have solutions for almost every problem with modern day consumerists. From getting promotion in office to clearing hurdles in buying a new plush bungalow, they are endowed with powers to adjust your stars. They have everything to offer except true spiritualism.

Self declared gods, here I come !!!

खुदा के हर्फों से जंग है मेरी
मैं खुद कि वकालत करता हूँ
इस दौर के तौर तरीकों की
पुरजोर खिलाफत करता हूँ

जिन पर तिलक त्रिपुण्डों की
रेखाएं भी अपमानित हैं
जिनके समक्ष पापी असुरों की
अंत्येष्टि भी सम्मानित है

उन धर्म के ठेकेदारों की
मज़हब के जागीरदारों की
क़त्ल की हिमाकत करता हूँ

इस दौर के तौर तरीकों की
पुरजोर खिलाफत करता हूँ

जो रोशनाई की बातें करते हैं
और खुद के सायों से डरते हैं
कराहती आवाज़ों को सुन
सत्ता-भीड़ जुटाया करते हैं

उन झूठे तीमारदारों की
और सियासती पहरेदारों की
रूहों की तिजारत करता हूँ

इस दौर के तौर तरीकों की
पुरजोर खिलाफत करता हूँ

"Clouds come floating into my life, no longer to carry rain or usher storm, but to add color to my sunset sky."

— *Rabindranath Tagore, Stray Birds*

तेरी इस बेरुखी से और भड़केगी मुहब्बत
नाज़ो-अंदाज़ को सम्भालो हामी के लिए
बेपरवाह मचलते दुपट्टे भी गुनहगार हैं
कन्धों से सरक जाने कि खामी के लिए

कुछ बेकाबू जज़्बात हैं, कुछ बहके हम
कुछ नाज़ुक हालात हैं, कुछ महके तुम
बेसाख्ता चलती हवाएं भी गुनहगार हैं
हो गया इश्क़ तुम्हे भी सलामी के लिए

गुमान-ए-हुस्न इधर भी है, उधर भी
जूनून-ए सुरूर इधर भी है, उधर भी
बेतरतीब उलझी ज़ुल्फ़ें भी गुनहगार हैं
दे दिया तुम्हे खुद कि नीलामी के लिए

अरमानों कि परवाह न करना तुम
रिवाज़ों पर अल्लाह न करना तुम
बेसुध जो कर दिया इज़हार इश्क़ का
ताउम्र ताकेंगे तेरा रस्ता हामी के लिए

बेपरवाह मचलते दुपट्टे भी गुनहगार हैं
कन्धों से सरक जाने कि खामी के लिए !!!

My love is like to ice, and I to fire:
How comes it then that this her cold so great
Is not dissolved through my so hot desire,
But harder grows the more I her entreat?
Or how comes it that my exceeding heat
Is not allayed by her heart-frozen cold,
But that I burn much more in boiling sweat,
And feel my flames augmented manifold?
What more miraculous thing may be told,
That fire, which all things melts,
should harden ice,
And ice, which is congeal's with senseless cold,
Should kindle fire by wonderful device?
Such is the power of love in gentle mind,
That it can alter all the course of kind.

— *Edmund*

फिर शाम से तेरे चेहरे को तक रहा हूँ मैं
की चांदनी मुझे खुद से शरमाई लगती है

काजल कि कोरों का सिरा यूँ बह गया
की ये रात मुझे खुद से लजाई लगती है

कुछ धड़कनों की जुबां भी हम समझते हैं
आहों में आपके आज गहराई लगती है

लफ़्ज़ों में गीलापन कोई नमी नहीं है
ये दूरियां मुझे अब बिदाई लगती हैं

ओझिल हो जाने दो जुगनुओं को अब
रोशनियाँ मुझे अब पराई लगती हैं

आखों ने सिमट कर कुछ कहानी कही है
अपने मिलन की घडी अब आई लगती है

"Better to die fighting for freedom then be a
prisoner all the days of your life."

— *Bob Marley*

पत्थर भी अब बोल रहे
तू जाग शेर कि भाँती अब

तूफानों कि बारिश में तो
उठ जाती है पाती अब

मुर्दापरस्तों कि बस्ती में
ले श्वासों कि थाती अब

यह नरसंघार हमारा है
प्रज्ञा प्रश्नचिन्ह उठाती अब

नरमुंडों से पटी वसुंधरा
विक्षत ममता बरसाती अब

ले उठा वज्र तू कर साहस
सिंध भूमि लहू से नहाती अब

करके ललकार उठा धनुष
दिखा सिंह कि जाती अब

People complain about their fate, destiny, situations and what not. But a deeper introspection will reveal that there is absolute justice in the world. Almighty rewards those who are ready to pay the cost.

कौन कहता है कृष्ण बंसी बजाते नहीं
शायद राधा की तरह हम लुभाते नहीं

कौन कहता है कृष्ण अब आते नहीं
शायद द्रौपदी की तरह हम बुलाते नहीं

कौन कहता है कृष्ण माखन खाते नहीं
शायद हम मन से दूध को मथ पाते नहीं

कौन कहता है कृष्ण अर्जुन को समझाते नहीं
शायद हम युद्ध की व्यर्थता जान पाते नहीं

कौन कहता है कृष्ण गंगा से पाँव छुआते नहीं
शायद पवित्रता को हम अभिमान दे पाते नहीं

कौन कहता है कृष्ण इस युग में दर्शाते नहीं
शायद देवकी-वासुदेव के घर हम जाते नहीं

Phulon ka taron ka sabka kehna hai, ek
hazaaron mein meri behna hai.

This is dedicated to you Pooja, my lovely sister

बस इक कच्चे रेशम की खातिर

मैं तेरी दुष्ट बहनिया बन जाऊं
तू मेरा भईया निगोड़ा बन जा
मैं तेरे कन्धों पर तन जाऊं
तू टिक-टिक वाला घोडा बन जा

बस इक कच्चे रेशम की खातिर

बारिशों में जो जहाज पिरोये थे कभी
बचाकर रखे हैं नाजों से भईया मैंने
मैं अपने आंसुओं की नदी बन जाऊं
तू मेरी नईया का मल्लाह बन जा

बस इक कच्चे रेशम की खातिर

मोड़ कर पांच रुपया पापा की जेब का
चुराकर संभाले रखा है मैंने सालों से
खाकर 'टाफी' उसकी मैं रानी बन जाऊं
तू खरीदकर उसे शहंशाह बन जा

बस इक कच्चे रेशम की खातिर

मेरी चोटी खुली है भईया अब तक
बाँध दे आज तेरी गुडिया का गौना है
मैं सजकर किसी की दुल्हन बन जाऊं
तू बिदा कर बहन का कुंदन बन जा

बस इक कच्चे रेशम की खातिर

A nation of 125 crore citizens fails often to find heroes who can rise to the occasion defying all odds and bring systemic changes. Thru this poem, I have attempted to convey a sense of urgency in our generation to bring out reforms in our society.

कल जब गंगा तट पर सूरज निकले
उष्णता से सरिता में एक उबाल आए

हम आर्यपुत्रों के मानस पटल पर अपनी
माता का ऋण चुकाने का सवाल आए

जो सभ्यता जनी थी गहन पीड़ा से उसने
सींचा था लहू से इसे भीष्म के यौवन ने
भस्म हुई थी जिसमें परशुराम की हड्डियां
और संस्कार दिए जिसे राम और मोहन ने
उसे बचाने अवतार कोई विकराल आए

हम आर्यपुत्रों के मानस पटल पर अपनी
माता का ऋण चुकाने का सवाल आए

जिस कुटुंब की रचना में शिव बने नीलकंठ
मर्यादित किया जिसे निराला,गुप्त और पंत
लिखा इतिहास जिसका मुग़लों और अंग्रेजों ने
दिया तिरंगा बलिदानी आज़ादी के रंगरेजों ने
उस गरिमा को जगाने फिर एक मशाल आए

हम आर्यपुत्रों के मानस पटल पर अपनी
माता का ऋण चुकाने का सवाल आए

Leaving behind a peaceful life in my ancestral hometown to run and chase some selfish ends has always filled me with a sense of futility of life. What we are chasing and why should be the question contemporary indian thinkers and society need to ask and find answers.

आपाधापी ..

मेरी बुढिया काकी के बाग़ का झूला
मैं भूल गया पर वो मुझे नहीं भूला

कमीज़ पर आम की चोपी का दाग
मैंने धुल दिया पर वो मुझे नहीं धूला

गोहरी की अधपकी रोटी का आटा
मैंने झाड दिया उसे पर उसने न झाड़ा

पटीदारी के खेतों को रिश्ते समझकर
मैंने बाँट दिया पर उसने नहीं बांटा

प्यास बड़ी थी पगडंडियों के पानी की
मैंने काट दिया उसे पर उसने नहीं काटा

जो चूल्हा जला था मेरे लिए बार बार
मैंने बेच दिया उसे पर उसने नहीं बेचा

गाँव इतनी दूर होक भी पास है,शायद
मैंने छोड़ दिया उसे पर उसने नहीं छोड़ा

Sacrifice, thy name is love.

For you my sweetheart.

बलिदान....

स्वयं के लिए रेखा और तेरे लिए बिंदु माँगा
स्वयं के लिए एकाकी तेरे लिए बन्धु माँगा

प्रश्न उठा जब प्रेम से स्वार्थ और परमार्थ का
स्वयं के लिए तृष्णा तेरे लिए सिन्धु माँगा

स्वयं के लिए वनवास तेरे लिए इंद्र -देश माँगा
स्वयं के लिए कालिमा तेरे लिए कांति-तेज़ माँगा

प्रश्न उठा जब प्रेम से स्वार्थ और परमार्थ का
स्वयं के लिए शय्या तेरे लिए सेज मांगा

स्वयं के लिए अश्रु-घूँट तेरे लिए अविरल क्रंदन माँगा
स्वयं के लिए यमद्वार तेरे लिए काशी - नन्दन माँगा

प्रश्न उठा जब प्रेम से स्वार्थ और परमार्थ का
स्वयं के लिए यातना तेरे लिए अभिनन्दन माँगा

स्वयं के लिए घोर विपन्नता तेरे लिए कुबेर माँगा
स्वयं के लिए विलासिता तेरे लिए शबरी-बेर माँगा

प्रश्न उठा जब प्रेम से स्वार्थ और परमार्थ का
स्वयं के लिए खँडहर तेरे लिए शाही मुंडेर माँगा

An idea whose time and moment has come, can never be nipped. No force howsoever atrocious and cruel can hold back the waves of change.

भँवरे .....

माली तू कवायद न कर अपने फूलों को बचाने की
जिद पर हैं आज भँवरे अपना आशियाँ बनाने की

सरहदों में बाँध मत अब खुश्बूओं की हसरत को
चीर कर पहुंची हैं हम तक वो आंधियां ज़माने की

मुझको तेरे वेह्शियत का खौफ नहीं काफिर
डर है तो बस गुलशन का फूल मुरझाने की

ये आग ये दरिया,सारी नाकाम कोशिशे तुम्हारी
ले आओ जिगर गर हो जो कूबत आजमाने की

अब बाँध कर सेहरा सजेगी डोली फूलों की यहीं
गाएगी दुनिया कव्वालियाँ दीवानी दीवाने की

तेरा ज़ुल्म क्या रोकेगा उन दीवानों को जिनकी
आरज़ू है फूलों की मुहब्बत में कुर्बान हो जाने की

Holi is a festival not only of splashing colours.
It is a festival with so many meaningful
messages for our lives.

Lets check

किसी की परछाई में आज रंग भरना चाहिए
किसी की तन्हाई में आज संग भरना चाहिए

नहीं महज यह अठखेलियाँ या इक ठिठोली है
किसी प्यासे को पानी पिलाना भी इक होली है

जो है मुहब्बत कहीं तो लाल रंग से रंग मुझे
जो है रंजिश कहीं तो भी लाल रंग से रंग मुझे

नहीं सिर्फ मिलना मिलाना या इक हमजोली है,
भीगे हुए बिल्ली के बच्चे को सुखाना भी होली है

साल भर झूठ बोला, भांग खाकर सच निकालो
भागते रहे ताउम्र उस शख्स को बाहर निकालो

ना सिर्फ देवर की छेड़खानी या भाभी की चोली है
भटके हुए को रास्ता दिखलाना भी इक होली है

कुछ एहसास दिलों में हो तो परछाई भी रंगोली हो जाए
कुछ एहसास दिलों में हो बेरंग मौसम भी होली हो जाए

"My heart only ever had one thought, one want. One need. Despite all, in spite of all... All my heart has ever wanted is you."

— *Stephanie Laurens, The Edge of Desire*

अखर जाता है..

तेरे बिन ये सावन अखर जाता है
कितना रोकूँ आँखों से बरस जाता है

तेरे बिन ये यौवन अखर जाता है
कितना मनाऊं ,तन्हा तरस जाता है

तेरे बिन ये महुआ अखर जाता है
कितना घोलूं गला मेरा बेरस जाता है

तेरे बिन ये मधुबन अखर जाता है
कितना रोपूं ,लपटों से झुलस जाता है

तेरे बिन ये चौका अखर जाता है
कितना लेपूं,सूखने से अलस जाता है

In the darkness of moonless nights, into your lanes, I search for a glimpse of yours.

तेरा रस्ता ...

मैं छत से तुझे इशारा करूँगा
खिड़की से कुछ पुकारा करूँगा
दबी पलकों से हामी भर देना
मैं रास्ता तेरा निहारा करूँगा

अम्मी से कुछ बहाना बनाना
कहना की मुझे अमड़ा सुखाना
अब्बा से फिर प्यार जताना
बचे बालों में यूँ हाथ फिराना
भाई के पल्ले को सटाकर
हौले से सिटकनी लगाना

मैं तब तक मौसम से बात करूँगा
परछाइयों से तेरी मुलाकात करूँगा

बरामदे की फिर बत्ती बुझाना
पैरों से अपने पायल हटाना
घटाओं की तुझको नज़र न लगे
आँखों में अपनी काजल लगाना
दबे पावों से छत पर आना
बाहों में मेरी यूँ छिप जाना
मैं जी भर तुझे दुलारा करूँगा
अगले दिन फिर पुकारा करूँगा

For if you are not with me now,
for if the destiny decided otherwise,
spare me from your thoughts.

How I wish could dissolve myself
into nothingness.

तुम फिर

तुम फिर ख्यालों में आना मत
घायल सपनों को दुलराना मत

जो क़तर दिया बिरहा में हमने
उन पंखों को तुम झुलसाना मत

तुम फिर मेरे बाग़ में आना मत
संदली हवा बनके लहराना मत

जो क़तर दिया बिरहा में हमने
उन फूलों को फिर खिलाना मत

तुम फिर शाम को धुंधलाना मत
ढलती धूप बनकर अलसाना मत

जो क़तर दिया बिरहा में हमने
वैसी नींद बनकर रिझाना मत

तुम फिर ख्यालों में आना मत
संदली हवा बनके लहराना मत.

Soldiers lay down their lives not only because we have insurgencies all acorss the country but mainly because our lame politicians want the strife to continue and turn every sacrifice into a potential vote.

A more detailed and comprehensive analysis of border issues and internal insurgencies is the only solution towards a broader settlement

तेरा सर तो ना ला सके
पर सर झुकाने आएंगे

इस बार सरहद पर हम
फिर आंसू बहाने आएंगे

जवाब तो ना दे सके हम
पर सवाल पूछने आएंगे

तेरे गिरे हुए रक्त से हम
एक मशाल फूकने आएंगे

मजबूर हैं सियासत से हम
चलो शर्मिंदा ही चले आएंगे

कटने से पहले श्राद्ध हो जाए
तेरी माँ को भी साथ लाएंगे

लकीरों से विवश है ये देश
विवशता ओढ़े चले आएंगे

अर्पण कर तुझपर बाँझपन
तिरंगा फेहराने चले आएंगे

तेरा सर तो ना ला सके
पर सर झुकाने आएंगे..

To a confused and coward world !!!

अजीब उलझन है

जब मैं मरता हूँ तो कहते हैं की जीना होगा
जब मैं जीता हूँ तो कहते हैं की मरता क्यूँ नहीं
जब मैं लड़ता हूँ तो कहते हैं की क्रोध पीना होगा
जब मैं सहता हूँ तो कहते हैं की लड़ता क्यूँ नहीं
जब यकीन करता हूँ तो कहते हैं की धोखा होगा
जब धोखा देते हैं तो कहते हैं की यकीं करता क्यूँ नहीं
जब इश्क करता हूँ तो कहते हैं की अब दंगा होगा
जब दंगा करता हूँ तो कहते हैं की तू डरता क्यूँ नहीं
जब मैं रोता हूँ तो कहते हैं की अश्क पीना होगा
जब मैं हसंता हूँ तो कहते हैं की तू रोता क्यूँ नहीं
जब डूबता हूँ तो कहते हैं की अब उबरना होगा
जब संभलता हूँ तो कहते हैं की गिरता क्यूँ नहीं
जब वेह्शी होता हूँ तो कहते हैं की सुधरना होगा
जब सुधरता हूँ तो कहते हैं की जुल्म करता क्यूँ नहीं
जब झुकता हूँ सजदे में तो कहते हैं की बदलना होगा
जब बदलता हूँ तो कहते हैं की काफिर होता क्यूँ नहीं
जब गिला करता हूँ तो कहते हैं की चुप रहना होगा
जब लब सिलता हूँ तो कहते हैं की बागी बनता क्यूँ नहीं
जब भटकता हूँ तो कहते हैं की होश में रहना होगा
जब होश में आता हूँ तो कहते की तू पीता क्यूँ नहीं
जब फक्र करता हूँ तो कहते हैं की डरना होगा
जब डरता हूँ तो कहते हैं की क़त्ल करता क्यूँ नहीं
जब लिखता हूँ तो कहते हैं की औकात में रहना होगा
जब औकात बता दी कहते हैं की तू लिखता क्यूँ नहीं .....

To melt in your arms is all I dream of !!!

अन्दर आना सख्त मना है

यह दरवाज़ा बंधा है तुम्हारी कसमों से
ये मुकम्मल है निकाह के रस्मों से
यह दीवारें रंगी है हमारी ख्वाहिशों से
चांदनी शबनमी है तुम्हारी आतिशों से
आज हसरतों का इक शामियाना सा तना है
ख़बरदार अन्दर आना सख्त मना है

चलो आज उस करें उस हुस्न का दीदार
जिसका था सदियों से हम दोनों को इंतज़ार
झुमके को शर्माने दो, हिना को पिघल जाने दो
रिवाजों, पायल और नथिया को टूट जाने दो
बिस्तर तुम्हारी पाकीज़ा खुशबू से सना है
ख़बरदार अन्दर आना सख्त मना है

लिपटकर बाहों में टूट जाने की आरज़ू है
मरासिम सा महके ये मिलन जुस्तुजू है
झूमर, काजल, बिंदी, मखमल बने गवाह
बेहया नाचे झूमे ये रात काली स्याह
इस रात की सुबह ना हो यह तमन्ना है
ख़बरदार अन्दर आना सख्त मना है

Who can forget the first love. That golden voice, those moments of yearning for a smile on her face, that missed call which went unanswered...Ahhh......I miss you....

आज भी

जिन राहों पर कभी मेहके थे भीगे गजरे
शोख हुईं थीं तुम्हारी अदाएं मचलकर
जुड़ीं थीं दो रूह इबादत में मोहब्बत की
पाकीज़ा हुई थीं जहां वफायें संभलकर.....

पड़े हैं वे चाहत के फूल वहां आज भी...
सदायें आ रहीं हैं उन राहों से आज भी...

सूरज उगा गयी थी जो सुबह तुम्हारे माथे पर
पुकारा था साथ जिस पपीहे को हमने छिपकर
चूमा था जिन आवारा लहरों ने तुम्हारा आँचल
खोये थे ख्वाबों के ऐश गाह में हम घिरकर

प्यासा है वो पपीहा वहां आज भी....
लहरें बिसर रही हैं सूनी वहां आज भी....

उड़ा कर पन्नों को छू गयी थी जो कमसिन हवा
और महकी थी हिना जब सावन के झूलों पर
तुम्हारे बदन पर खिला कर फाल्गुन का इन्द्रधनुष
हम दोनों बहके थे महुआ के फूलों पर

तन्हा पड़ा है प्यासा झूला वहां आज भी.....
बेरंग है वो फाल्गुन वहां आज भी.....

To you oh..carefree soul..,come because your face is a reason for someone to breathe.

आजा कि अब रो देगी खुदाई

सदियों के इंतज़ार की सज़ा क्यूँ सुनाई
तुझे क्या खबर मेरी जान पर बन आई
पायल की लडियां अब रूठने लगी है
सब्र की हदें अब टूटने लगी हैं
डसने लगी है अब खुद की तन्हाई
आजा कि अब रो देगी ये खुदाई

दुशवारियाँ पलों की दे रही हैं दुहाई
अजीब कश्मकश में है मेरी परछाई
काजल ,झुमके,नथिया,अंगडाई
पड़े हैं बेसुध तेरे बिन ओ हरजाई
डसने लगी है अब खुद की तन्हाई

आजा कि अब रो देगी ये खुदाई

सिलवटों की दास्तान तुझे क्या सुनाऊं
वो राग बता दे जिससे तुझे रिझाऊं
रूप या श्रृंगार प्रेम या उपहार
वो रंग दिखा दे जो तुझ पर चढाऊँ
अगर दे रही है शेहनाई कोई सुनाई तो
आजा कि अब रो देगी ये खुदाई

डसने लगी है अब खुद की तन्हाई
आजा कि अब रो देगी ये खुदाई

Stories like Romio Juliet may be accounts of souls who could never meet. But then love is not only about gratification. History rewards unfulfilled souls with their stories being told in every lane.....

इश्क

आओ कुछ ऐसा करें की ना ज़मीन रहे ना आसमान रहे
जिस तलक नज़र गुज़रे बस अपने कदमों के निशाँ रहें
प्यार अपना अमर हो यह अरमान नहीं पर जब कभी
आशिकों का ज़नाज़ा निकले सबसे आगे अपना कारवां रहे

कह दो ज़माने से हमें मकबरे की ख्वाहिश नहीं
दीवारों पे चुनवा दें या फांसी पर कोई खलिश नहीं
जब कभी रुबायत लिखे कोई खुसरो हम पर
लिखे सिर्फ 'इश्क इश्क इश्क 'और कोई आतिश नहीं

जब कभी मुशायरों में अपने किस्से करना
कसीदों और शायरी से रोशन हमें बेफिक्र करना
इश्क भले हमारा इबादत नहीं हीर रांझे ,लैला मजनू जैसा
इश्क रोशनाई का गुलाम नहीं इस बात का भी ज़िक्र करना

इश्क रजवाड़ों की जागीर नहीं और न ही बादशाओं का हरम
हमारी दौलत तो सदियों का साथ थी क्या मज़हब क्या धरम
जब कभी वसीयत लिखना अपनी ख्याल रहे ऐ जहांवालों
लिखना खजाना था उनके पास और नाम था 'इश्क का मरहम'

Bidding farewell to a daughter or sister has always been an emotional moment for all sensitive souls. I wrote this poem just a day before my sister's wedding..

ई कौन बिदाई देल बाबा

ई कौन बिदाई देल बाबा

नैयहर का रोगवा छुटत नाहीं
करेजवा से मोहवा छुटत नाहीं
सावन गइल भादों गइल
आये न बाबुल ना भैया न माई
धानवा पक गइल अब आ बाबा
कोयलवा थक गइल अब आ बाबा
काहे हमका जुदाई देल बाबा
ई कौन बिदाई देल बाबा ....

ससुरारे का आँगन पराया लागत
सेजिया का फूल मुरझाया लागत
मेला लागल बा आपन दुआरे
झुला देख देख कर रुलाई आवत
संझिया बीत त अब आ बाबा
डरवा खीचत त अब आ बाबा
काहे हमका पराई देल बाबा
ई कौन बिदाई देल बाबा ....

गौना हमार काहे कईल हो बाबा
छोडले अकेला काहे गईल हो बाबा
लड़की जैसन धान का कटाई हो गईल
लाला के सुदवा में काहे देल हो बाबा
ई कौन बिदाई देल बाबा ....

Heart deceived me. My own heart,
carefully restrained for so many years
finally cheated upon me. And who won.
It is you my love.

ए दिल बताना तो था

ए दिल ....
किसी अजनबी का होने से पहले बताना तो था
हमसे बेवफाई का इरादा है यह जताना तो था
ये क्या की पिघल गए साजिशी आँखों से
कुछ दिन और अपने चोर को सताना तो था
नमक मीठा होने से पहले
शहद खारा होने के बाद बताना तो था
हमसे बेवफाई का इरादा है यह जताना तो था

बड़े नाजों से रखा था तुझे महफूज़ हमने
खुद की भी बुरी नज़र से बड़ी दूर हमने
ये क्या की बेबस हो गए किसी के इशारों से
उनकी आँखों का नूर बनने से पहले बचाना तो था
इमली मीठी होने से पहले
गुड़ खट्टा होने के बाद बताना तो था
हमसे बेवफाई का इरादा है यह जताना तो था

साँसे बाकी हैं पर धडकनें जुदा जुदा सी हैं
दिन शरीर हैं पर रातें खफा खफा सी हैं
ये क्या की हमसे रूठ कर किसी के गुलाम हो गए
पर उस जिगर में इतना सुकून है ये समझाना तो था
लम्हों के बेसुध होने से पहले
शामें के बेहया होने के बाद बताना तो था
हमसे बेवफाई का इरादा है यह जताना तो था

Others just dream.
Sweetheart, let's cross the line..

एक बार कर के देखते हैं

अगर इश्क खता है तो खता ही सही
चलो एक बार यह भी कर के देखते हैं
प्यार अमर यह सुनते हैं हम किताबों में
चलो एक बार संग संग मर के देखते हैं
सूखे दरख्तों में फिजायें खिलती हैं अगर कहीं
तो चलो इन दरख्तों में आह भर के देखते हैं
सुनते हैं ज़माना करता है रुस्वा आशिकों को
चलो एक बार ज़माने से जंग कर के देखते हैं
सुनते हैं मिलती नहीं मंजिल कभी मोहब्बत को
चलो एक बार यह सफ़र भी तय कर के देखते हैं
अगर जलते हैं बदन है इंतज़ार के शरारों से
तो चलो उस आग में खुद पिघलकर देखते हैं
हर लम्हा तड़प है जिस रिश्ते की लकीरों में
ऐसे रिश्ते की ताउम्र ख्वाहिश कर के देखते हैं
फना हो कर भी जुदा न हो जो साथी खुदी से
ऐसे साथी की इबादत की तमन्ना कर के देखते हैं
अगर इश्क खता है तो खता ही सही
चलो एक बार यह भी कर के देखते हैं
प्यार अमर यह सुनते हैं हम किताबों में
चलो एक बार संग संग मर के देखते हैं

"The best and most beautiful things in the world cannot be seen or even touched. They must be felt with the heart"

— *Helen Keller*

एहसास

न बनाई जाती है न मिटाई जाती है
यह मुहब्बत है बस पायी जाती है
ये न होगी तुम्हारे जुल्मों से काफिर
ये चिंगारी तो बस सुलगाई जाती है

हमें पता है है दर्द कितना है यहाँ
तेरी वेह्शत अब शरमाई जाती है
मत पूछ के हिम्मत छिपाई है कहाँ
ये तो उल्फत है बस निभायी जाती है

शोलो पर चलकर आऊंगा एक दिन
हर कदम तेरी अनछुई परछाई लाती है
गर मिट गए इस राह तो कुछ गम नहीं
ये राह भी मुहब्बत की रुबाई गाती है

मरना मिटना तो मुकद्दर है अपना
न कहना की तेरे जाने से रुलाई आती है
उस जहाँ में पूरा होगा यह सपना
मेरी लाश से तेरे लिए दुहाई जाती है

Creative talent may win you laurel but may not earn bread and butter. Every artist has to eventually sell his art to feed his family. I am an engineer by profession because poems can only nourish souls and not belly.

कविता का सौदागर

मेरी कलम फिर मुझे बाज़ार में ले आई है

लोगों के दिलों को हंसाने और रुलाने के लिए
अपने दर्द से समा को रंगी बनाने के लिए
नफरत के सीरत पर प्यार लुटाने के लिए
एक खुबसूरत बुत को शमा बनाने के लिए
शायरी अपने मुकद्दर से मुझे खीच लायी है
मेरी कलम फिर मुझे बाज़ार में ले आई है ....

जो शेर से कोई याद आ जाए तो वाह कह देना
जो शेर से दिल का बोझ हट जाए तो वाह कह देना
चुकाओगे तुम क्या इन मोतियों के दाम
जो ग़ज़ल से आँख भर आए तो वाह कह देना
दीवानों की दीवानगी मैंने जी भर कर पाई है
मेरी कलम फिर मुझे बाज़ार में ले आई है ....

तुम शौक रखो मैं कविता कहता रहूँगा
तुम इश्क रखो मैं कसीदे पढता रहूँगा
कहकहों और तालियों की शामें न ढलने पायें
तुम प्यार रखो मैं रिश्ते गढ़ता रहूँगा
तुम्हारे हाथों लुट कर भी सौदागरी निभाई है
मेरी कलम फिर मुझे बाज़ार में ले आई है ....

Dedicated to Meenakshi Sheshadri,
my favourite actress.

कहीं तुम

बज रहीं हैं शेहनाइयां सारी धरा पर मधुर-मधुर,
कहीं तुम पैरों को पायल पहनाय तो नहीं बैठी
चल रहा है कोई हमदम बन कर इन कठिन राहों पर,
कहीं तुम अपना साया मेरे पीछे लगाये तो नहीं बैठी
चिर कर अन्धकार किरणों की छटा चमक उठी है गगन पर,
कहीं तुम गेसुओं में गजरा सजाये तो नहीं बैठी
विरह की वेदना को मिल गयी है मिलन की गुंजन,
कहीं तुम कंठ के माधुर्य से मुझे बुलाये तो नहीं बैठी
झंझावातों के सागर में उमड़ पड़ी सुकून की लहर,
कहीं तुम होठों पे मधुर मुस्कान सजाये तो नहीं बैठी
काली स्याह रात में चाँद भी शर्मा कर ओझल हो रहा है,
कहीं तुम उसे अपना रूप दिखाए तो नहीं बैठी
धुल गयीं हैं सारी दिशाएं इस गोधूली बेला पर,
कहीं तुम अपने कोमल बदन को नहलाये तो नहीं बैठी
न जाने क्यों धड़क रहा है ह्रदय जोरों से,
कहूँ तुम अपना सीना मेरे सीने से लगाए तो नहीं बैठी
इस श्वेत वर्ण आसमान पर क्यूँ छाई है लालिमा,
कहीं तुम आखों में काजल लगाए तो नहीं बैठी
तीव्र इच्छा है मिलन ,कर लो, वरना यही कहूँगा,
कहीं इस समाज से तुम अपनी इच्छा छिपाए तो नहीं बैठी

A million stars up in the sky
one shines brighter I can't deny
A love so precious a love so true
a love that comes from me to you...

कुछ भी न होती

जो तुम संग ना होती तो ज़िन्दगी कुछ भी न होती

एक साया न होता , इश्क को तदबीर ना मिलती
तेरा साथ न होता तो रांझे को हीर ना मिलती
दिलकश न होते मुहब्बत के पैमाने
रह जाते खामोश आशिकों के अफ़साने
गर तुम न होते ऐसी तस्वीर ना होती
झुकती हुई क़दमों पर मेरी तक़दीर ना होती
जो तुम संग ना होती तो ज़िन्दगी कुछ भी न होती

भटकते हम लकीरों के खादिम बनकर
तेरी साए के ख़ुशबू से आदिम रहकर
मौत भी आती तो इंक़लाब करते
की देखा नहीं अभी जन्नत जी भरकर
गर तुम ना होते ये रातें ना होती
शरमाई शामें और तारों की कतारें न होतीं
जो तुम संग ना होती तो ज़िन्दगी कुछ भी न होती

अधलिखे पन्ने की दास्ताँ सी
अनजान सफ़र में रूठी हुए राह सी
अधछिड़े सितार के मल्हार सी
लहरों से झूझती तनहा पतवार सी
गर तुम ना होते ये महफ़िल ना होती
यह शामियानें न होते यह मौसकी न होती
जो तुम संग ना होती तो ज़िन्दगी कुछ भी न होती

Those days of Parle-G, flying kites,
sailing our own boats during rainy season…
I miss them terribly..

क्या क्या गंवाया यहाँ आते आते

चौराहों पर मिलते नहीं हैं वे चेहरे
ठकुराइन के घर पर रातों के पेहरे
वे गुड के शरबत और जामुन की बाली
वो मुन्ना का घर और कल्लू की साली
वो मखमली लोरी से सपने सजोना
और सपनों में पतंग की दुनिया में अपना एक कोना
वो गुडिया की शादी पर मोहल्ले का रोना
बड़े याद आते हैं बचपन के वो दिन

कहाँ गए वो दिन जाते जाते
हाय क्या क्या गंवाया यहाँ आते आते .....

भडेहर पर पल्लू से चंदा को ढकना
सुहागन का सिंदूरी पानी झटकना
पोखरे पर गोरिया का आँचल सरकना
गगरी का कमर और सर पर अटकना
महुआ पर लटके चूलों की खुशबू
चन्दन का मलीदा, गंगा की पियरी
और कोयल की बासंती धुनों का महकना
खो गयी है वो आभा कहीं जगमगाते ...

कहाँ गए वो दिन जाते जाते
हाय क्या क्या गंवाया यहाँ आते आते .....

बेल और अमड़ा के शरबत का जादू
वो ललचना इमली की लटकी डाली से
राधा का हलवा कुछ यूँ गुदगुदाय की जैसे
मुंडेरों पर कागा की अटखेलियों से
पगडंडियों पर गिरना, संभलना सरक कर
वो जुगनू पकड़ना खुद बत्ती बुझा कर
वो गोबर में घुसना और ताली बजाना
की जैसे 'केक' काटा है जन्मदिन में जाकर

कर दिया है विभोर आज हमें रुलाते रुलाते...

कहाँ गए वो दिन जाते जाते
हाय क्या क्या गंवाया यहाँ आते आते .....

"She was free in her wildness. She was a wanderess, a drop of free water. She belonged to no man and to no city"

— *Roman Payne, The Wanderess*

खानाबदोश

हम तो हैं खानाबदोश, अपने लिए
अपना क्या बेगाना क्या..
किस्से क्या फ़साना क्या....

सुबह हुई पनघट पर अपनी
सोना क्या बिछाना क्या....
अंगडाई झरनों पर तोड़ी
ऊँघना क्या उठाना क्या....
आँख मली किरणों ने अपनी
लरजना क्या अलसाना क्या..
गोदी में वसुधा की बैठ कर
दौलत क्या खजाना क्या...

हम तो हैं खानाबदोश.अपने लिए
अपना क्या बेगाना क्या...
किस्से क्या फ़साना क्या....

पथ की मिटटी बदन पर मल ली
साबुन क्या नहाना क्या....
कुदरत के दो फूल चख लिए
थाल क्या सजाना क्या.....
ऋतुओं की माला पहन ली
सौंदर्य क्या दिखाना क्या..
सावन बना मदिरालय अपना
पीना क्या पिलाना क्या.....

हम तो हैं खानाबदोश.अपने लिए
अपना क्या बेगाना क्या
किस्से क्या फ़साना क्या

धूप रूप से यारी अपनी
तपना क्या जलाना क्या....
नंगे पैरों की सवारी अपनी
थकना क्या बहाना क्या...
सांझ की बेला दुल्हन अपनी
रूठना क्या मनाना क्या..
आकाश की चादर तानी हमने
बिस्तर क्या आशियाना क्या....

हम तो हैं खानाबदोश.अपने लिए
अपना क्या बेगाना क्या
किस्से क्या फ़साना क्या

"When writers die they become books,
which is, after all, not too bad
an incarnation."

गीली माटी के बन्दे

आसमानों पर लिखी तूने
हम परिंदों की कहानियाँ
हवा का साया तूने बख्शा
दी नादानों को ज़ुबानियाँ
तेरी रहमत से उड़ना
तेरी रहमत से मुड़ना
तेरे करम की सब निशानियाँ
खुदा हम तेरे आशियाँ के बाशिंदे
हम गीली माटी के बन्दे

सात समंदर का रहबर तू
इस सल्तनत का अकबर तू
सीप को मोती तूने बख्शा
उस संगमरमर का दिलबर तू
तेरी रहमत से खिलना
तेरी रहमत से मुरझाना
अपने हर फ़साने का हमसफ़र तू
खुदा हम तेरे मेहेरबनियों के बाशिंदे
हम गीली माटी के बन्दे

Wouldn't it be a perfect crime if I stole your heart and you stole mine??

जब कभी हाथ ये छूटे, वादा करो साथ न छूटे
शर्मा कर ये आंधी भी गुज़र जायेगी
खुबसूरत सी सुबह भी नज़र आएगी
तेरे मेरे हौंसले से रंग जाएगा आसमाँ
बस इश्क से अपने खुदा न रूठे
वादा करो
जब कभी हाथ ये छूटे
अपने मिलन की आस न टूटे

वो सोचते हैं बड़ा दर्द है इस जुदाई में
कोई कह दे उनसे हम जिए हैं रुसवाई में
चट्टानों में भी बख्शे हैं फूल मजनू ने लैला को
उठे हैं हर सुबह इस विश्वास की अंगडाई में
दुआ करो कोई यह विश्वास न लूटे
वादा करो
जब कभी हाथ ये छूटे
अपने मिलन की आस न टूटे

चलो अब लहरा दो यह आँचल रुपहला
क्षितिज पर खिला दो एक कँवल सुनहला
उद्घोष है या शेहनाई यह मिलन की
महका दो गगन में संगीत कोई एकहला
कोई सरगम की यह बारात न लूटे
वादा करो
जब कभी हाथ ये छूटे
अपने मिलन की आस न टूटे

Love doesn't come with an expiry date.
It was and will be immortal. To move on is
easier but to hang on is Love.

तुम इन गलियों में चले आना

अभी तो ज़माना हुआ है दीवाना
अभी तो है रौशन हैं जलवे तुम्हारे
बेसाख्ता भटकेंगे यह पाँव जिधर भी
घरोंदें खिलेंगे बनेंगे चौबारे
अभी तो खिली है धूप बेपर्दा
अभी तो है यौवन महके सावन सा
शरारत भी होगी अगर आखों से अनजाने
लगेगा की बहा है काजल कहीं हल्का सा
जब लगने लगे नज़र आँख के इसी काजल से
तुम इन गलियों में चले आना ......

अभी तो दर्पण बनी हैं दीवारें
धूप भी खिलेगी जैसे बारिश की फुहारें
बेअंदाज़ झूमेगा यह जिस्म जिधर भी
महकेंगे गजरे बेह्केंगे शरारे
अभी तो अदाओं में मखमल घुला है
हवाओं ने आंचल पे सरगम लिखा है
जो होकर मदहोश गिरोगे किन्हीं गलियों में
लगेगा की सजदे में आशिक झुका है
जब शिकवे उठने लगे इन्ही आशिकों से
तुम इन गलियों में चले आना ......

"We have to allow ourselves to be loved by the people who really love us, the people who really matter. Too much of the time, we are blinded by our own pursuits of people to love us, people that don't even matter, while all that time we waste and the people who do love us have to stand on the sidewalk and watch us beg in the streets! It's time to put an end to this. It's time for us to let ourselves be loved."

— *C. JoyBell C.*

तुम न आये तो

तुम न आये तो तुम्हारी यादों से मन बहला लिया
कागज़ के उन टुकड़ों को फिर दिल से लगा लिया
कशिश कहीं शोला न बन जाये इस हसीं रात में
इस डर से हमने एक चिराग फिर सीने में जला लिया

तुम न आये तो तुम्हारी यादों से मन बहला लिया
कागज़ के उन टुकड़ों को फिर दिल से लगा लिया

तकते रहे किवाड़ों की ओट से हर रौशनी को हम
इंतज़ार में हमने आहटों को पलकों पर सजा लिया
ये रात है या नीली शबनम की सुराही में जाम
इसी उलझन में हमने चाँद को होठो से लगा लिया

तुम न आये तो तुम्हारी यादों से मन बहला लिया
कागज़ के उन टुकड़ों को फिर दिल से लगा लिया

थक आकर शतरंज को अपना साथी बना लिया
और खुद मोहरों ने हमें अपना गुलाम बना लिया
कहीं हो न जाती तौहीन-ए-मुहब्बत इस कशमकश में
हमने तुम्हारी जीत को अपनी हार का सेहरा बना लिया

तुम न आये तो तुम्हारी यादों से मन बहला लिया
कागज़ के उन टुकड़ों को फिर दिल से लगा लिया

You stand alone, all different,
unique and identical. You are to me
what dew is to rose !!!

तेरा जिक्र जब आया

जब भी कभी तेरा ज़िक्र आया
हमने खुद को फिर से तन्हा पाया
सुर्ख चांदनी रात में जैसे
चुभता हुआ सा माहताब आया
हसरत छिपा ली अनजान बनकर
आंसू दबा लिए मेहमान बनकर
महफ़िल में तेरा जिक्र भी जैसे
उठता हुआ सा कोई तूफ़ान लाया .....

जब भी कभी तेरा ज़िक्र आया
हमने खुद को फिर से तन्हा पाया ....

जुबां पर तेरे जलवों का जब चर्चा आया
हर एक शख्स ने तेरे किस्सों को दोहराया
हमने सुनते रहे इन आँखों में नमी लिए
साहिल की रेत पर बहता हुआ पानी आया
गम छिपा लिया नादान बनकर
सख्त हो गए रमजान बनकर
महफ़िल में जब कोई मुस्कराया
एक हँसता हुआ सा चेहरा याद आया

जब भी कभी तेरा ज़िक्र आया
हमने खुद को फिर से तन्हा पाया ....

Aazaadi !!!

Not from the country
but within the country !!!

From casteism, malnutrition,
poverty, corruption.

Dusri Aazaadi …

दूसरी लाओ

अब्बा अब मेरी आजादी रुढी हो गयी है
कैसे खेलूं इससे अब ये बूढी हो गयी है
अब चमकती नहीं यह दुल्हन की तरह
दूसरी लाओ अब यह मज़बूरी हो गयी है

तुम्ही ही लाये थे तूफ़ान से कश्ती निकाल के
क्या मिला भरी जवानी से हस्ती निकाल के
अब इस आज़ादी से जरूरत पूरी हो गयी है
दूसरी लाओ अब यह मज़बूरी हो गयी है

निकाह कर लाये थे जिसे तिरंगे की चुनरी में
वह लुट गए हैं रंग कचहरी की दुपहरी में
गवाही देते यह गदरी से इकहरी हो गयी है
दूसरी लाओ अब यह मज़बूरी हो गयी है

अब मिल गया सुकून बहुत इस आजादी से
भर लिए गोदाम हमने भी इस बर्बादी से
दूध देते देते आज़ाद गाय गाय संकरी हो गयी है
दूसरी लाओ अब यह मज़बूरी हो गयी है

"It is an absolute human certainty that no one can know his own beauty or perceive a sense of his own worth until it has been reflected back to him in the mirror of another loving, caring human being."

— *John Joseph Powell,*
The Secret of Staying in Love

बस तुझे देख कर

तुम्हारी साँसों से बसंत महक उठी
और हाथों की हीना दमक उठी
शर्म सिमट कर हुई पाहुन
और काजल की कोर छलक उठी
यौवन ने मचलना छोड़ दिया
कुमकुम भी लजाकर भीग गयी
बस तुझे देख कर...
रांझे बैरागी बन गए और बैरागी रांझे
बस तुझे देख कर...
सौ सौ सितारे फीके पड़े
हर चाल पर पत्थर बोल पड़ा
सूनी राह मुसाफिर गीर हुई
खंडहरों की वीरानियों से
मुर्दा बुतों की नक्काशियों तक
हर ओर तमन्नाएँ डोल पड़ी
बस तुझे देख कर...
बादशाह फकीर हो गए और फकीर बादशाह
बस तुझे देख कर.....
वख्त भटक कर ठहर गया
बुलबुल भी चहकना भूल गयी
नयनों के तिलिस्म के जादू में
बदल भी गरजना भूल गए
मौसम को बदलना याद नहीं
सावन को बरसना रास नहीं
बस तुझे देख कर.....
महल खाक हो गए और ख़ाक महल
बस तुझे देख कर.....
बस तुझे देख कर.....

To Sahir Saheb !

The man with an unparalleled level of creativity, who could play with words and create magic with this art of poetry.

I dedicate this poem to you Sir !!!

किनारा मिल गया

भटकते थे महफिलों की शामें बनकर
कहीं कह्कशे तो कही ग़ज़ल बनकर
कहीं बारिश हुई पड़ी धूप कहीं
मौसम के हो लिए हम नमी बनकर
तुम क्या मिले जैसे ठिकाना मिल गया
बुझती शमा को जैसे परवाना मिल गया
तुम क्या मिले जैसे किनारा मिल गया

तक़दीर की गुलाम थी अपनी पेशानी
लिखी थी हमदर्दियों से अपनी कहानी
किसी मोड़ पर सुने बोल प्यार के जब
बोल पड़ते थे हम उसी की जुबानी
तुम क्या मिले जैसे मंज़र सुहाना मिल गया
एक पैगम्बर पीर को जैसे खजाना मिल गया
तुम क्या मिले जैसे किनारा मिल गया

बहते थे आवारा लहरों की तरह
कभी दरिया तो कभी लश्कर बनकर
सुनते थे सागर मिलता है धारों को
खेतों,बगीचों औ कुचों से निकलकर
तुम क्या मिले जैसे किनारा मिल गया
कठिन दोराहों पर जैसे सहारा मिल गया
गुज़र रही थी ज़िन्दगी यूहीं बेमकसद
तुम क्या मिले जैसे इशारा मिल गया
तुम क्या मिले जैसे किनारा मिल गया

What goes on in the mind of a girl on the night of the wedding?

Most may ascertain the rosy pictures of a beautiful married life but for me , it is one of the most trying and tough moment for a girl. Tha pain of getting separated from her toys, from her parents, from the soft little fairy tale world to a new order and equation of demanding relationships

मैं मेहँदी लगाए बैठी हूँ

कहीं छलक न जाएँ इन आंसुओं की डोली
सुन ले न ज़माना इन सिसकियों को
हो ना जाए गीली कहीं बचपन की ठिठोली
नज़र न लग जाए कहीं इन हिचकियों को
मैं अपने पलकों की गलियों में पहरा लगाए बैठी हूँ

मैं मेहँदी लगाए बैठी हूँ ....

शामियाने में कर दिया कैद बचपन के राजा रानी
शहनाई बन गयीं आज अम्मा की सुरीली लोरियां
निष्ठुर संयम ने चीन ली छुटकी की मनमानी
रस्मों ने चुरा ली मेरी सारी खिलौनों की तिजोरियां
अपनी उन सारी अटखेलियों को लाज का घूंघट पहनाए बैठी हूँ

मैं मेहँदी लगाए बैठी हूँ ....

बस भोर तक का सारा गठबंधन है इस घरोंदे से
बिछड़ के दुबारा यह आँगन पराया हो जाएगा
पुकारूंगी जो कभी माँ बाबा को रूंधे गले से
दौड़ कर वह नन्हा सा बचपन लौट आएगा .
इसी अनमने मन से होठों पर मुस्कान सजाए बैठी हूँ

मैं मेहँदी लगाए बैठी हूँ......

The most beautiful things in life do not have any owner. They belong to the humanity. To the common cause of nature.

यह बात तुम हमसे ना पूछो

कांच की हरी चूड़ियों से लिपटी
सावन के मेले की वह रातरानी
मौसम को सुहागिन कर गयी जिसकी हंसी
जैसे कमल पर पहली ओस का पानी
वह हंसी सलमा की थी या राधा की
वह मौसम रमजानी था या बासंती
यह बात तुम हमसे ना पूछो.....

कटीली पगडंडियों पर चलते हुए
पीपल के बिछौने के बीच
सूखे कंठ को गीला कर गया था किसी का जल
उस पात्र का स्वामी उंच था या नीच
यह बात तुम हमसे ना पूछो....

तलाशते हुए अपनी खोई हुई मंजिल को
हम भटके थे कई बार इन अगम राहों पर
चिराग जलाई थी जिस आत्मा की मशाल ने
और राह दिखाई थी जिसने खुद को जलाकर
वह राम था या रहमान
वह कबीर था या कृष्ण
यह बात तुम हमसे ना पूछो ....

Love can overcome all odds.

याद आता है

तुमसे मिलकर एक किस्सा याद आता है
यादों की गलियों का एक हिस्सा याद आता है
रिमझिम बारिश की मीठी फुहारों सा
सावन से महका वो रिश्ता याद आता है

अल्हड धूप की ज़ालिम तपिश से संवरकर
बेदर्द ज़माने की बुरी नज़रों से उभरकर
संकीरी गलियों से हाथों में गुलाब लिए
मीलों मीलों नंगे पाँव चलना याद आता है
बस तेरी इक झलक के लिए घंटों
छत की मुरेरी पर संभलना याद आता है

तुमसे मिलकर एक किस्सा याद आता है
यादों की गलियों का एक हिस्सा याद आता है

अंगडाई में बीती चांदनी रातों से गुज़रकर
निगोड़ी सुबह की लम्बी आस में मचलकर
दिल में इश्क और पलकों पे शर्म लिए
भीगी आँखों से भोर तकना याद आता है
बस एक बार तुझे रिझाने के लिए घंटों
खुद से शरमाकर सजना याद आता है

तुमसे मिलकर एक किस्सा याद आता है
यादों की गलियों का एक हिस्सा याद आता है
रिमझिम बारिश की मीठी फुहारों सा
सावन से महका वो रिश्ता याद आता है.....

I wrote this poem after listening to the famous song written by Nida Fazli fron the movie Nakhuda,"

"Satati has hawayen chedte hain sarfire badal"

ये दुनिया खुबसूरत है

मिले हैं जब से तुमसे कदम
हर बस्ती गा रही रही है , हर रस्ता हंस रहा है
मिले हो जब से तुम हमदम
हर एक शख्स बाराती है , हर एक समां महफ़िल
बने हो तुम जब से मेरे सनम
ख़ामोशी में भी इशारे हैं,बारिश में भी शरारें हैं
हुई हैं जबसे इनायत मुझपे करम
हर ओर बस तुम्हारी ही सूरत है
सचमुच दुनिया बहुत खुबसूरत है .....

मिले हैं जबसे तुम्हारे आँचल के कोने
सावन बुलाने पर आता है हवाएं इशारों पर उमड़ती हैं
लगी हो जबसे तुम इन कन्धों पर सोने
होशो हवास खोता जाता है हसरतें खुद से लड़तीं हैं
सता कर हमें जब खुद लगती हो तुम रोने
यह मंज़र भी प्यारा लगता है,जब आंसुओं की लडियां अकड़ती हैं
हम चैन से जीयें और सुकून से मर जाएँ
हमें तुमसे बस इतनी मुहब्बत है
सचमुच दुनिया बहुत खुबसूरत है ...

बाहों में लजाकर शरमाकर सिमट जाना
और फिर हवाओं के सर्द होने का बहाना
इतरा कर नाजों से पलटना और जुल्फे झटकना
और फिर कहना की क्यूँ अल्हड है मन अपना
क्यूँ अच्छा लगता है तुम्हरे नखरों को भी सहना
कुदरत का करिश्मा लगती हो कभी ,कभी सपना
सजा कर रखें तुम्हे पलकों पर ताउम्र
क्या हमें बस इतनी इज़ाज़त है
सचमुच दुनिया बहुत खुबसूरत है

"For a while" is a phrase whose length can't be measured.At least by the person who's waiting."

— *Haruki Murakami,*
South of the Border, West of the Sun

रस्ता निहारूंगी

अबके सावन की टीस लगी तो
भीगे नयनों से तेरा रस्ता निहारूंगी
कजरा,पायल सोलह श्रृंगार राग तेरे लिए
और सदियों का इंतज़ार तुझपर उतारूंगी
मेरी हर तड़प का शिकवा तुझसे है
मेरी हर एक कसक का गिला तुझसे है
जो रातें गुज़रीं तुम्हारी बाहों के बिना
उन रातों का गुबार तुझपर वारुंगी
अबके सावन की टीस लगी तो
भीगे नयनों से तेरा रस्ता निहारूंगी

अबके फाल्गुन की टीस लगी तो
बेरंग जोगनिया बनकर तेरा रस्ता निहारूंगी
भांग, गुलाल ,अबीर जमुनिया सब तेरे लिए
अश्रुओं के गंगाजल से तेरा पग पखारुंगी
चौखट के दिए को तुम याद नहीं
आँगन की तुलसी भी रूठी है
हर एक की बिरवा की पीड़ा को
अपने मिलन के रस से दुलारुंगी
अबके सावन की टीस लगी तो
भीगे नयनों से तेरा रस्ता निहारूंगी

बादल बरस रहे हैं अब आ साजन
नैन तरस रहे हैं अब आ साजन
अब जो ना आये तो यह प्राण हारूंगी
अबके सावन की टीस लगी तो
भीगे नयनों से तेरा रस्ता निहारूंगी

Ramdhari Singh Dinkar, the glowing sun of Hindi Poetry and his immense rich work continues to be a source of motivation for writers.

I dedicate this poem to a great son of India.

रुकना न पथिक

शूल रक्त राह हो या घोर अन्धकार हो
काल तम की विनाशकारी चल पड़ी बयार हो
चाहे शेषनाग की प्रलयंकारी फुंकार हो
या किसी से विरह की वेदना की पुकार हो
अश्रु छूटे सांस टूटे रूठा सारा संसार हो
बलिदान तुमसे मांगता यदपि यह प्यार हो
परशुराम का फरसा बरसा रहा कुठार हो
मनुष्यता बाँझ बन कर रही तकरार हो
रुष्ट हो अधीर बन भाग्य की मार हो
गला हो रूंधा और जल की खार हो
हो बेला मिलन की और बीच में दीवार हो
यौवन के पाँव में बाजारू पायल की झंकार हो
आशा किरण बोझिल बन कर रही पुकार हो
पर सदैव याद तुम्हे गीता का सार हो
......रुकना न पथिक पुकारता तुम्हे तुम्हारा लक्ष्य है

I can't promise to fix all your problems, but I can assure you is that you will never be alone while facing them.

वादा तो करो

दुनिया से छिप कर गली वाले नीम पर आने का वादा तो करो
वो नीम कड़वा ही सही पर गवाह है तेरी मेरी मुलाकातों का
कुछ अमर गीतों और बेपनाह मुहब्बत से भरे जज्बातों का
वो रात सर्द ही सही पर देखा है उसने तमन्नाओं को मचलते
कांपती उँगलियों सहमे होंठ और फिर हौले से चाँद को ढलते
वो लम्हा बेदर्द ही सही पर उसमे तुम्हारे दीदार का बहाना तो है
कुछ हो ना हो इस फकीर के पास तुम जैसे खज़ाना तो है
बस घर जाने से पहले कल फिर मिलने का वादा तो करो
दुनिया से छिप कर गली वाले नीम पर आने का वादा तो करो

इस शहर से दूर नहर वाले बागीचे में आने का वादा तो करो
वो बागीचा सेहरा ही सही पर अमीरी है उसमे अपने ख्वाबों की
जुल्फों से मखमल घांस और तुम्हारी खुशबू से महके गुलाबों की
वो गलियाँ वीरान ही सही रौनक है वहां धडकनों की अठखेलियों से
बिंदिया,झुमके कंगना,पायल और ना जाने कितनी ही सहेलियों से
वो पहर छोटा ही सही तमाम उम्र के फ़साने हैं उन कुछ एक पलों में
हमारे पाँव के निशाँ और साँसों की याद हैं इन वादियों के दिलों में
बस घर जाने से पहले कल फिर मिलने का वादा तो करो
इस शहर से दूर नहर वाले बागीचे में आने का वादा तो करो

आरज़ू जुडी हैं तुमसे इसलिए कहीं ना जाने का वादा तो करो
राह कितनी भी मुश्किल हो मिलेगी मंजिल ये यकीन है
बस एक बार मेरे संग संग जीने का इरादा तो करो
बस घर जाने से पहले कल फिर मिलने का वादा तो करो

Moments of deep craving when only her
presence can fill the emptiness.

सुलगी हुई रातों के बाहों में खोकर
जब साँसों की पहेलियों में उलझ जाऊं
बेहया रूह की रेशमी चादर में सोकर
तेरी खुशबू से बहक कर बेशर्म हो जाऊं
तुम बदन जला लेना मैं बुझा दूंगा

जब होंठों पर किसी और का ज़िक्र आए
बातों में किसी अजनबी के किस्से बने
आखों के शामियाने में कोई तस्वीर आए
जज्बातों में अनजान गैरों के हिस्से बने
तुम रूठ जाना मैं मना लूँगा

सजती रहे हर रात ऐसी दिवाली से
तुम्हारे ख्वाबों में ऐसी चांदनी घुल जाए
तुम बुलाती रही, मैं सपनों में आता रहूँ
इस सुकून में जो बाहों में नींद आ जाए
तुम आँख लगा लेना मैं जगा दूंगा

हसरतों की बारिश का सिलसिला न रुके
बस हमकदम बन कर साथ चलती रहना
दामन से दुआओं का काफिला न रुके
जो ना माने घर वाले तो एक बार कहना
तुम सेंध लगाना मैं भगा लूँगा

Akela Chana bhaad nahin phod sakta.

Such myths have been systemically fed into our nervous system since childhood and this is the reason why our society is searching for its heroes elsewhere.

जब लगी अमावस खीजने
और लगे पात सब झरने
उफान लहरों का जब लगा शौर्य पूछने
तिनका बन बन लगे घोंसले टूटने
डालियाँ चर्मरायीं और लगे प्राण सूखने
तभी चिड़िया की एक बच्ची ने दम भरा
और लगी अपने नन्हे पंखों से उड़ना सीखने.....

जब शैवालों की चादर से लगा तालाब भरने
पत्तों और शाखाओं से लगा जल पटने
कीचड़ और दलदल में लगा फिर जीवन धंसने
गतिहीन वन देवी लगी झुलस कर तड़पने
तभी एक कमल के छोटे पौधे ने दम भरा
और लगा इन आपदाओं के बीच खिलने.....

सर्द कुहासी रातों में जब लगी जली काठ बुझने
चूल्हा फिर फिर हाथ जोड़ लगा विस्मय भरने
शीत जब काल बना और लगा वज्र बरसने
ममता प्रकृति की जब लगी शौर्य परखने
तभी एक अनबुझी चिंगारी ने दम भरा
और लगी अग्नि प्रज्जवलित करने .....

"If you are driven by fear, anger or pride nature will force you to compete. If you are guided by courage, awareness, tranquility and peace nature will serve you."

— *Amit Ray, Nonviolence: The Transforming Power*

सुकून ..तुझे कहाँ कहाँ ढूँढा

कभी काबा कभी काशी में ढूँढा
कभी होश कभी अय्याशी में ढूँढा
मीरा के त्याग में , राधा की राग में
सीता के दाग में , द्रौपदी की आग में
कैकेयी के मोह में , सत्ता के लोभ में
धृतराष्ट्र के समर्पण में, स्वार्थ के दर्पण में
कुंती के स्वाभिमान में,भीष्म के बलिदान में
उषा के अभिमान में,निशा के अवसान में
प्रीतम की चाह में,बिरहा की आह में
वैभव की राह में, हिमालय के गाह में
मिलन की प्रीति में,समाज की रीति में
वहशियाना कुरीति में,हत्या की नीति में
प्यार की गाली में, अंगूर की प्याली में
धर्म की कंगाली में, जेहाद की नाली में
सोने की चमक में ,पारस की महक में
साँसों की खनक में, काया की लचक में
लालच के भंवर में,शराफत के सबर में
चाहत के सफ़र में, नफरत के असर में.....

सुकूँ के निशाँ न मिले इस दीवाने शायर को
सुनते हैं कट जाती है उम्र इसे कमाने में
चलो ढूंढते हैं ' सुकूँ ‹ नाम के इस कायर को
सुनते हैं खुदा अब देता नहीं ज़माने में

I wrote this poem after the peaceful mass movement led by Anna Hazare Ji.

It was the first non violent Satyagraha that our generation witnessed. The huge gathering assured me that cometh the hour cometh the man.

अन्ना जी

उनकी नज़रों में आज इक जुनूं देखता हूँ
बगावत में क्यूँ मैं इक सुकूं देखता हूँ
सोयी नहीं है अपनी दिल्ली बरसों से
उसके करवटों की आहट हरसूं देखता हूँ

सुना था के तख्तों को आदत है गिरने की
महलों में आज इक कपकपी देखता हूँ
उठने लगे हैं अब काफिलों के कारवाँ
दिल्ली की आँखों में आज एक नमी देखता हूँ

धिक्कार है ऐसे लोकपाल पर जो सरकार से मिले
वह लोक को क्या पालेगा जो दुतकार से मिले
अब इस खामोश महफ़िल मैं चेतना देखता हूँ
हिला दे जो ताजों को को वह आत्मा देखता हूँ

उनकी नज़रों में आज इक जुनूं देखता हूँ
बगावत में क्यूँ मैं इक सुकून देखता हूँ ....

Groups and communities with their own narrow agendas claim their share in history, contemporary polity and society. But what if every individual or physical force serving society starting claiming their pie.
It is nothing but business.

न बचाता गर हिमालय तो जम्बूद्वीप होता सुनसान
पर पूछो कब देश से सर्द हवाओं का हिसाब मांगता है

न सींचती गर गंगा तो बंजर होते सारे खलिहान
पर पूछो यहाँ भागीरथ कब अपना दोआब मांगता है

न होता पठार उर्वरक ,न होती उन्नति और ना संधान
पर पूछो रौंदे जाने पर कब हमसे जवाब मांगता है

ना करती खून का तिलक सेना,कब होता भारत महान
पर पूछो सियाचीन के डर से कब इंकलाब मांगता है

वाम, दक्षिण या कबीरपंथी, सबसे धन्य है हिन्दोस्तान
पर पूछो साहित्य की गलियों से कब माहताब मांगता है

मुसलमा,हिन्द या गैर मज़हबी सबका खून है शामिल यहाँ
पर पूछो इस वतन से कब ताज़े-ए-खिताब मांगता है

Let us compete against each other
but not for success, wealth or fame but
who can love each other more.

चलो बन जाते हैं पांवों की मानिंद

एक थक जाए तो दूसरा भी आह भरे
एक चल पड़े तो दूसरा भी साथ धरे
मुझमें दर्द हो तो तुझसे भी न उठा जाए
तुझमें टीस हो मुझसे भी न झुका जाए

चलो बन जाते हैं पांवों की मानिंद

जश्न हो मंज़िलों का तो तेरे साथ साथ
मातम हो सफर में तो भी साथ साथ
राह पथरीली हो सम्बल बने हम आपसी
संग चलें संग उठे संग हो शाम की वापसी

चलो बन जाते हैं पांवों की मानिंद

छाले जो सताएं तो रुक कर तुम बहला देना
दौड़ कर गिर जाएँ ,उठ कर तुम सहला देना
आलता लगे,पायल बंधे,घुँघरू सजे संग-संग
कांटे चुभें,ठोकर लगे तो दर्द भी हो संग-संग

चलो बन जाते हैं पांवों की मानिंद

I wrote this poem after reading Adam Gondvi's ,' *Main chamaron ki gali tak le chalunga aapko'*".

The sheer pain, angst and revulsion in the poem are hard to describe in words. Perhaps the concept of socal equality should be fiercely built in our policies.

ऐ खुदा इस बारिश मुझपर एक एहसान करो
मस्जिद छोडकर किसान के घर प्रस्थान करो

नहर से टूटी पगडण्डी के पास आखिरी झोपडी में जाओ
बांस में उलझे टूटी लकड़ियों के दरवाज़े को खटखटाओ

हड्डियों के बीच कुछ धंसे हुए मांस से हिम्मत जुटाकर
निलेगा हरखुआ बेचारा अपने आत्मा पे बोझ उठाकर

डरता है कोई देनदार आ न धमके इस दुपहरी
तेज़ है बुखार मेरा कहीं ले न जाए थाना कचहरी

खोलेगा किवाड़ तुझपर कुछ ऐसे अविश्वास से
देखकर घबड़ा न जाना जीवन के ऐसे त्रास से

सर्वेयर,अधिकारी, वोट-आतुर नेता कुछ भी बन जाना तुम
किस मज़हब के हो यह पूछ लेगा,खुदा हो ये न बताना तुम

मंदिर सी आव भगत न हो सम्मान तो मिल जाएगा
सूखा पड़ा है गांव में, वो जलपान कहाँ से लाएगा

उस भीषण गर्मी में तुम उससे चरणमृत की पिपासा न करना
खाने को नून और तेल नहीं,आरती की अभिलाषा न करना

ये भी तेरा भक्त हो शायद या चार वख्त का नमाज़ी हो
सीधे अंदर चले जाना, बन्दा वो पंडित हो या क़ाज़ी हो

सूखे आँगन, सूखे कुँए, उसके सूखे हुए बच्चों से मिलना
ये वही भारत है,जहाँ कभी था नेहरू के फूलों को खिलना

गाँव में पसरे सन्नाटे से तुमको मातम का माहौल मिलेगा
पड़ोस के पेड़ पे लटकी लाश में जीवन का माखौल मिलेगा

दिख जाएगी उस गर्मी में धू-धू कर जलती लाश कहीं
आकर जहाँ खत्म हो जाती है जीवन की तलाश वहीँ

ऐ खुदा एक नया अस्तित्व खोजने गांव चले आना तुम
हरखुआ के दो बेटे भी गए, उनकी लाश जला आना तुम

मेरी मानो तो अब शहर की धुंध में चले आओ तुम
गाँव का निराजल व्रत तोड़ो, घी से लेपे जाओ तुम

खेतों से अब मंदिर मस्जिद की ओर प्रस्थान करो
हो जिनके खुदा तुम उनके लिया ही ध्यान करो ......

हो जिनके खुदा तुम उनके लिया ही ध्यान करो .

Bow to this great land,
my motherland India, a unique symposium
of Ganga Jamuni Tehzeeb

कलम से जो निकलती है तो एक कविता निकलती है
मैं जब हिंदी में कहता हूँ तो गले से उर्दू निकलती है

सगी बहनों का रिश्ता है सदा से जिनके बीचों बीच
गला उर्दू का पकड़ो तो हिंदी से आह निकलती है

इकबाल हो, फ़िराक हो , नीरज हो या फैज़ हो
घुटन जब भी बढ़ी है तो स्याही से राख निकलती है

हम क्रांति हिंदी में लाएं या बोलो बगावत उर्दू में
अशफाक उल्लाह कहता है कब्र से रूह निकलती है

हिंदी है अगर गंगोत्री तो समझो उर्दू अपनी गंगा है
हिंदुस्तान में डूबने के लिए वो भारत से निकलती है

गर फरमान है हाकिम का साबित करना वतनपरस्ती
सुन ले हुकूमत दिल से तेरे लिए बददुआ निकलती है

I know you are not with me, but then this world is a momentary phase.

We wil meet again, somewhere else, to redeem our pledge.

सब ज़िक्र करेंगे दौलत का हम बात तुम्हारी कर लेंगे
अपनी शामें और सुबह देंगे पर रात तुम्हारी कर लेंगे

इठलाएगी जब दुनिया अपनी बुलंदियों की ईमारत पे
एक खत पढ़ेंगे हम तेरा और बात तुम्हारी कर लेंगे

खिचवाएगा दीवारें जब मज़हब दिलों के आँगन में
कलमा पढ़ेंगे हम तुझपे और ज़ात तुम्हारी कर लेंगे

ऐशो-ओ-आराम की गाहें जब घुटन से भरने लगे
उम्मीदों की हवाओं से मुलाकात तुम्हारी कर देंगे

जब जज़्बातों से दामन का आँचल गीला हो जाए
एक लाल चुनरी भेजकर बारात तुम्हारी कर देंगे

रूहों का मिलना है काफी,शरीर तो सबका काफिर है
खुद बनकर लाश यहाँ, शब्बे-रात तुम्हारी कर देंगे

To a tender soul.

In this demanding world my arms will be a solace for you.

तू साल नया छोड़ कर मुझे ही मनाने आ जा
कुछ बूँद चुनकर होठों से मुझे भिगाने आ जा

तेरी सोहबतों की आदत की मजबूर है फ़िज़ा
तू ओढ़ के शबनम उजड़े बाग़ खिलाने आ जा

एक नन्ही सी जान हो तुम और दुनिया भारी है
फुर्सत से छोड़ इन्हे बाहों में मेरी अलसाने आ जा

इस जलसे से दूर कहीं दिख रहा हैं गाँव मेरा
मुझको मेरी ही बस्ती में फिर से बसाने आ जा

राह तकेंगे इस साल भी हम हर साल की तरह
तू सब से छुप के ख्वाब ही कोई दिखाने आ जा

वो भी लम्हा था,यह भी एक पल है खुदगर्ज़ सा
तू साल नया छोड़ कर मुझे ही मनाने आ जा

With all your flaws and imperfections,
I desire nothing but you !!!

तुम्हारी आँखों से मेरी आँखों
तक आने वाली रौशनी है प्यार
किसी गुड़हल में छिपा भंवरा या
उगते पौधे को धूप का इंतज़ार
जैसे चकोर पकडे हुए डाल को
कर रहा हो चाँद से गुहार
ओस कि बूंदों से सतरंगी दूब
जैसे खिल उठे मन तुझे देखकर
तृप्त हुआ हो पपीहा जलाधि पर
बरसे जैसे सावन पर मल्हार
अमावस्या के बाद का पूनम भी
क्षीण हो जिस आभा के समक्ष
गोहरी से पकी रोटी की मेहक
ज्यों गन्ने के खेत जवान हो गए
ऐसा हो कुछ तेरा मेरा प्यार

**तुम्हारी आँखों से मेरी आँखों
तक आने वाली रौशनी है प्यार**

"The darker the night, the brighter the stars,
The deeper the grief, the closer is God!"

— *Fyodor Dostoyevsky,*
Crime and Punishment

ऐ खुदा ...

क्यूँ रूठा रूठा रहता है
मुझसे भी तो बोल कभी

सबको परखता रहता है
मुझको भी तो तोल कभी

नवाजिशों का भूखा हूँ
खज़ाना अपना खोल कभी

एहसाँ से तेरे मैं दब जाऊं
आँगन मेरे भी डोल कभी

जर्रा समंदर कर दूं मैं
हिम्मत जो तू टटोल कभी

मैं तेरे सजदे बिक जाऊं
लगा तू मेरा भी मोल कभी

The more you hide your feelings for someone, the more you fall for them

कहीं ज़ाहिर ना हो...

काजल जिन्हें लगाया मेरे नाम का
चाँद जिनमें सजाया मेरे बाम का
उन पलकों से कह दो ज़रा आहिस्ता उठें
कहीं ज़ाहिर ना हो तुम्हे मेरा इंतज़ार है

बड़ी शिद्दत से जो बचाकर रखा है
तुमने अब तक छिपाकर रखा है
उस शर्म से कह दो ज़रा आहिस्ता ढले
कहीं ज़ाहिर ना हो, दिल इतना बेक़रार है

जो बहक रहे हैं आहट से मेरी
जो महक रहे हैं चाहत से मेरी
उन लफ़्ज़ों से कह दो ज़ारा आहिस्ता कहें
कहीं ज़ाहिर ना हो तुम्हे मुझसे प्यार है

बड़ी बेताबी से चल रही है जो
बड़ी बेबाकी से मचल रही है जो
उन धडकनों से कह दो ज़रा आहिस्ता चलें
कहीं ज़ाहिर ना हो तुम्हे भी इकरार है

Strange country this is.
We treat women both
as goddeses and animals

झूठी है

जिस निवृत्ति के लिए औरत बनना पड़े
वो निवृत्ति झूठी है

जिस जागृति के लिए वैदेही बनना पड़े
वो जागृति झूठी है

जिस संस्कृति के लिए लाश बनना पड़े
वो संस्कृति झूठी है

जिस प्रकृति ले लिए शर्मसार होना पड़े
वो प्रकृति झूठी है

जिस आकृति के लिए बलिदान होना पड़े
वो आकृति झूठी है

जिस क्रांति के लिए बेगैरत बनना पड़े
वो क्रांति झूठी है

"Sacrifice is a part of life. It's supposed to be. It's not something to regret. It's something to aspire to."

— Mitch Albom,
The Five People You Meet in Heaven

किसने पूछा.....

हथेली पर मेहँदी हम सबने रचाई
हिना से पिघलने का दर्द किसने पूछा

होठों पर हंसी हम सबने सजाई
आंसुओं से बहने का दर्द किसने पूछा

दिये से दिवाली हम सबने मनाई
बाती से जलने का दर्द किसने पूछा

डोली पर विदाई हम सबने कराई
कुम्हार से चलने का दर्द किसने पूछा

शय्या पर आग हम सबने लगाईं
अग्नि से लड़ने का दर्द किसने पूछा

Important encounters are planned
by souls before the bodies see each other.

— *Paul Coelho*

Waiting for you !!!

आ जा

मुझे फिर से ठुकराने के बहाने आ जा
अपनी अलग दुनिया सजाने आ जा
बिखरे पड़े हैं अश्क आज भी वहीँ पर
उन्हें समेट के मुझे रुलाने ही आ जा

सुनते हैं हम कि इश्क रूहानी होता है
तू अपनी बदली रूह दिखाने आ जा
''हाँ'' शायद तुम्हारी कुव्वत में ना हो
मुझे बस इनकार ही सुनाने आ जा

तुम्हारी राह में बैठे हैं मुरीद और भी
मुझे क़दमों के निशाँ गिनाने आ जा
जिन गलियों की तुम शहज़ादी हो
उन गलियों का रास्ता दिखाने आ जा

बिखरे पड़े हैं अश्क आज भी वहीँ पर
उन्हें समेट के मुझे रुलाने ही आ जा

The desire for more often takes away
the little we have!

गाँव में मेरे रौनक बहुत थी
पर भटकना शायद मेरी कहानी में था
पाँव में मेरे शौनक बहुत थी
पर बेहेकना शायद मेरी जवानी में था

कुँए में मेरे पानी तो बहुत था
पर प्यास शायद खून की रवानी में थी
हल में मेरे सानी तो बहुत था
पर हवस शायद पेट की पेशानी में थी

माँ मेरी खोई रोई तो बहुत थी
पर धोखा करना मेरी निशानी में था
बाप की बेईज्ज़ती हुई तो बहुत थी
पर सौदेबाजी मेरी मेहरबानी में था

पगडण्डी मेरी तड़पी तो बहुत थी
पर देश बदलना मेरी बेईमानी में था
शर्म मुझे भी आई तो बहुत थी
पर चेहरा बदलना आँख के पानी में था

"A gentleman holds my hand.
A man pulls my hair.
A soulmate will do both."

— *Alessandra Torre*

तुम्ही बताओ सबब इसका
ये जो मुझे बेशुमार हो रहा है

बेखबर थे जिसके जलवों से
सर पर चढ़ कर सवार हो रहा है

सौ रूह तलाशे पर नागँवार रहा
अब मुझपर इख्तियार हो रहा है

जेहन भी उधार रख दूं जिसपर
तुझपे कुछ ऐसा एतबार हो रहा है

नर्म हो जाएँ जब सूखे पत्ते भी
मौसम ऐसा खुशगंवार हो रहा है

थाम लेना जो होश में न आऊं
मुझे अब कुछ ऐसा प्यार हो रहा है

"There is always some madness in love. But there is also always some reason in madness."

— *Friedrich Nietzsche*

धागे में सुई न जाएगी
जब इश्क तुम्हे छू जाएगा

घडी भी कुछ सताएगी
जब इश्क तुम्हे छू जाएगा

बेबात हंसी आ जाएगी
जब इश्क तुम्हे छू जाएगा

परछाई भी शरमाएगी
जब इश्क तुम्हे छू जाएगा

पतझड़ भी खिल जाएगी
जब इश्क तुम्हे छू जाएगा

तेरी चुनर भी लजाएगी
जब इश्क तुम्हे छू जाएगा

I need you.

A lot more than you think

करम

मेरी कवितायें रुबाइयां ना सही
जो पढ़ लो तो अरदास हो जाएँ

मेरी ग़ज़ल शेहनाइयां ना सही
जो सुन लो तो नाशाद हो जाएँ

मेरे मुकद्दर में रानाइयां ना सही
जो इनायत हो तो आबाद हो जाएँ

मेरे वजूद में आशनाइयां ना सही
जो आ जाओ तो दिलशाद हो जाएँ

मेरे जिस्म में चिंगारियां ना सही
जो छू लो तुम तो आवाज़ हो जाएँ

Alone dwells every man and everyone
mocks everyone else and a deserted
island is our pain.

तन्हाई.....

मरहूम रहा जो इश्क से बरसों
ऐसे वजूद का तरसाया हूँ

ख्वाब भी जिसको कभी आते नहीं
ऐसी नींद का शरमाया हूँ

बहार भी जिनको कभी छूती नहीं
ऐसे फूल का मुरझाया हूँ

पेशानी तक़दीर की मैं क्या सोचूँ
ऐसी लकीरों का भटकाया हूँ

खुद से बेघर मैं अनजाना
एक अजनबी का हमसाया हूँ

किसी और की मैं बात क्या कहूं
जब अपने ही घर में पराया हूँ

I wish you were to warm this cold night.
Not with your body but with your soul

दिसम्बर की इन सर्दियों में
इश्क की इश्क से मुलाकात हो गयी

गिरफ्तार कर लिया नज़रों में
आँख जैसे खूबसूरत हवालात हो गयी

पड़े जो उसके बोल कानों में
चाशनी पिघल कर जज़्बात हो गयी

छेड़ दिया जो तुमने बातों में
सांस रुक कर जैसे सर्द रात हो गयी

जी भर देखा और बस इतना कहा
तुमसे मिलकर एक हसीं बात हो गयी

True love cannot be found where it does not exist. Nor it can be hidden where it is.

मत छिपाओ.....

मुझको सताकर खुद आराम से सोते हो
मत छिपाओ कि चादरों में छिप कर रोते हो

आँखें बंद कर नींद से कशमकश हो रही है
मत छिपाओ कि नींद भी कम्बखत रो रही है

सुबह के इंतज़ार में यूँ करवटें बदलते हो
मत छिपाओ कि ख्वाबों में रह-रह मचलते हो

चादरों की सिलवटें में भी एक सिलसिला है
मत छिपाओ कि उन्हें अकेले तड़पने का गिला है

शब भी है, चांदनी भी, फिर किसका इंतज़ार है
मत छिपाओ कि रात भी गुजरने को बेकरार है

Be a fighter, a lone crusader.
The corrupts may get the price but
the honests get the value.

आस्तीन के सापों से पटी है यह दुनिया
पर तू शराफत की मिसाल बनता चल

संकीर्ण हो सोच कितनी भी इन सबकी
पर तू सुन्दर दृश्य विशाल बनता चल

अँधेरा छिपाए हो चाहे जितनी परछाई
पर तू एक उज्जवल मशाल बनता चल

दूषित हो कितना भी विचार ज़ेहरों से
तू एक नेक सोच का ख्याल बनता चल

घुटन कितनी भी हो उनकी इस हवा में
तो इस कड़े संघर्ष की मजाल बनता चल

इमानदारी की राह में कितने भी हो कांटे
तू बेईमानी पर एक सवाल बनता चल

"If music be the food of love, play on,
Give me excess of it; that surfeiting,
The appetite may sicken, and so die."

— *William Shakespeare, Twelfth Night*

"मुझसे इतना न मिला करो
मेरे जैसे हो जाओगे

इतने करीब न आया करो
परछाई ही बन जाओगे

घर कर गया दिल में जो
बोलो किसको सताओगे

चिंगारी साँसों की अकेले
बोलो कैसे बुझाओगे

इस शहर की नज़रों को फिर
बोलो क्या समझाओगे

मुझसे बिछड़कर बोलो जरा
तनहा क्या रह पाओगे

जो न लिखूं कविता तुझपर
खुद भी तरस जाओगे

जब ना होगी शायरी मेरी
क्या खोओगे क्या पाओगे"

"So we grew together like to a double cherry, seeming parted, but yet an union in partition, two lovely berries molded on one stem."

— *William Shakespeare,*
A Midsummer Night's Dream

कलश

तेरे रूप का कलश बनाऊँ
सिर झुकाकर, माथ नवाऊँ
जप सुनाकर, दिया दिखाऊं
सेज सजाकर, फूल चढाऊँ
रोरी लगाकर, भेंट चढाऊँ
आरती सुनाकर, तुझे रिझाऊँ
स्वस्तिक बनाकर, ॐ रचाऊँ
भोग चढ़ाकर, मांग सुनाऊँ
सर्वस्व लुटाकर, तुझे मनाऊँ
तेरे नाम का ऐसा जप लगाऊं
आत्मा से आत्मा मिलाऊँ
गंगाजल से तर्पण कराऊँ
इस भांति तुझमे मिल जाऊँ

"Nobody knows how things will turn out, that's why they go ahead and play the game...You give it your all and sometimes amazing things happen, but it's hardly ever what you expect."

— *Gennifer Choldenko,*
Al Capone Does My Shirts

डर तो लगता है....

प्यारा कितना भी हो माँ का आँचल
उसके छूट जाने का डर तो लगता है

गुरूर कितना भी हौसलों पर हो अपने
उनके टूट जाने का डर तो लगता है

हाथ तुम्हारा मजबूती से पकड़ा तो है
राह बदल जाने का डर तो लगता है

छिप छिप कर मिलने का मज़ा तो है
नुमाइश हो जाने का डर तो लगता है

ख्वाहिशों की डोर यूँ उडती जा रही है
पतंग कट जाने का डर तो लगता है

बड़ी शिद्दत से तेरे लिए कलम उठाई है
कागज़ उड़ जाने का डर तो लगता है

You are the reward for everything right
that I did in my life !!!

तेरे लिए

बोल दो जो बोलना है आज तुमको
बिन बोले ही अलफ़ाज़ मेरे रुकते नहीं

मांग लो जो माँगना है आज तुमको
बिन मांगे ही आशीर्वाद मेरे रुकते नहीं

पूछ लो जो पूछना है आज तुमको
बिन पूछे ही ये संवाद मेरे रुकते नहीं

जान लो जो जानना है आज तुमको
बिन जाने ही ख्वाब मेरे रुकते नहीं

छीन लो जो छीनना है आज तुमको
बिन छीने ही आह्लाद मेरे रुकते नहीं

If I could be any part of you, I'd be your tears. To be conceived in your heart, born in your eyes, live on your cheeks, and die on your lips.

बड़ी पेचीदा है तुम्हारी जुल्फें ,इन्हें यूँ न बिखराया करो
अजनबी हैं हम इन वादियों से,हमें यूँ न उलझाया करो

बड़ी शौक़ीन है तुम्हारी पाजेब,उसे यूँ न छनकाया करो
खोटे सिक्के ना खरे हो जाएँ ,उन्हें यूँ न खनकाया करो

दिल तुम्हारा भी धडकता होगा ,उसे यूँ न बहलाया करो
मुहब्बत उधर भी है और इधर भी,हमें न समझाया करो

बेरुखी से और भड़केगा ये इश्क,इसे यूँ न छिपाया करो
कदम हैं भटकेंगे कभी न कभी , इन्हें यूँ न बचाया करो

हमारे ख्यालों से ही गुदगुदी हो,इतना न शरमाया करो
तमन्ना दूर से ही छू जाए,बस ख्वाबों में आ जाया करो

Throw me the wolves and I will come back
leading the pack.

BE A REBEL !!!

यह कुछ शख्स जो कालीनो के गुलाम हैं
खुद बुत हैं और खुदाई के बनते इमाम हैं
बरबस वहशियत के जिनपर इलज़ाम हैं
चलो आज करते इनके किस्से तमाम हैं

इसा के पावन जेरूसलम को छलने वाले
शहंशाही रंगीनियों के साए में पलने वाले
भीख में मिली ज़मीन को करते हराम हैं
चलो आज करते इनके किस्से तमाम हैं

कर्बला आज पुकारता है फिर से इसा को
बलिदान आज मांगता है फिर मसीहा को
उनकी कुर्बानी को जो करते बदनाम हैं
चलो आज करते इनके किस्से तमाम हैं

तुम्हारी तोपों से तो छाती हमारी चौड़ी है
तुम्हारी गोली से तेज एकता हमारी दौड़ी है
समझ लो सब्र का यह आखिरी इम्तेहान है
चलो आज करते इनके किस्से तमाम हैं

A beautiful woman delights the eye;
a wise woman, the understanding;
a pure one, the soul.

Minna Antrim

कल्पना ..

मन मेहँदी,तन गेंदा तुम रंगोली सी
रंग धानी,स्वर मेधा तुम ठिठोली सी

केश नागिन,जिह्वा कोयल तुम रागिनी सी
श्वास खुशबू ,चक्षु चंचल तुम कामिनी सी

रूप कातर,देह उजली तुम खिलती धूप सी
काया कोमल,रूह निर्मल तुम पंखुड़ी रूप सी

भाव भक्ति,आत्मा शक्ति तुम स्वाभिमान सी
वक्ष संदिल,पाँव पावस तुम चलायमान सी

बोल हृदयी,सोच चंदा तुम मेरी सप्त्रिशी सी
नख बाती,उर उज्ज्वल तुम मेरी उर्वशी सी

"For what is love itself, for the one we love best? - an enfolding of immeasurable cares which yet are better than any joys outside our love."

To you my love. It's you about whom I care the most.

— *George Eliot, Daniel Deronda*

फ़िक्र होती है

चर्चे तुम्हारे जुल्फों के गलियों में होने लगे हैं अब
ओढा देना दुपट्टा शर्म को, तुम्हारी फ़िक्र होती है

आशिकों की कतारों का जमघट है सरेशाम अब
नज़रों से हया न गिरा देना, तुम्हारी फ़िक्र होती है

बिस्तरों पे बिखरा है ख्वाहिश भरे खतों का हुजूम
इन्हें दिल का पता न देना, तुम्हारी फ़िक्र होती है

बड़े खोखले से हैं यह चमकते चेहरे चाहने वालों के
दिल के शीशे में न बसा लेना, तुम्हारी फ़िक्र होती है

हर एक नज़र में नज़र लगने जैसी नज़र होती है
आँखों में काजल लगा लेना, तुम्हारी फ़िक्र होती है

In the sweetness of friendship let there be
laughter, and sharing of pleasures.
For in the dew of little things the heart
finds its morning and is refreshed.

For all my lovely friends.

Khalil Gibran

ऐ दोस्त

बड़े लबरेज़ से पलों में तू साथ रहा है
ऐ दोस्त तू जब भी रहा है, पास रहा है

कुछ गीली सी ख्वाहिश की नमी बनकर
तू कभी न बुझने वाली प्यास रहा है

मेरे झुके हुए कन्धों का साथ बनकर
हर हार के बाद मेरी नयी आस रहा है

भले कदम से कदम न मिले हों हरदम
तेरे कदम का निशाँ मेरे लिए ख़ास रहा है

बिछड़ के जब मिलूँ कहीं किसी मोड़ पर
समझना दूर हर पल कोई उदास रहा है

ऐ दोस्त तू जब भी रहा है, बड़ा पास रहा है

No man or woman can be strong, gentle, pure, and good, without the world being better for it and without someone being helped and comforted by the very existence of that goodness.

Phillips Brooks

ख्वाब देखो तो कुछ नामुमकिन सा
ख्वाबों में अपने आरी रखना

घड़ियाँ इन्तेहाँ लेती रहेंगी तुम्हारी
हौसलों में एक कटारी रखना

पिघलेंगे पत्थर दिल भी तुझसे
रिश्तों में बस खुमारी रखना

सजदे होंगे तुम्हारी परछाई के
चेहरा तुम इश्तेहारी रखना

आंसू थम जाए किनारों पर आकर
दिल कुछ ऐसा भारी रखना

फासला मंजिलों से जितना भी हो
ज़िन्दगी की जंग जारी रखना

फिर मिलेगा शायर कहीं तुझसे
शौक अपने दिलदारी रखना

Keep love in your heart. A life without it is like a sunless garden when the flowers are dead.

Oscar Wilde

देखी है......

तुम्हारी आँखों में इक प्याली देखी है
जलती हुई सी धधकी लाली देखी है
छिपी हुई आयतों को हमने पढ़ा है
गजलों में कहीं एक कव्वाली देखी है
उठा कर पलकों को जो तुमने झुकाया
क़यामत की एक बारिश हमने देखी है
झुकाकर फिर जब शामियाना गिराया
लूटती हुई सी साजिश हमने देखी है...

मुझे लूट लो छीन लो ये अमीरी मेरी
फकीरों की भी सल्तनत हमने देखी है
इन चिरागों से रोशन अस्मत हो मेरी
तुम्हारे क़दमों में जन्नत अपनी देखी है
एक जहां बनाया हमने अपना तुम्हारा
पूरी होती अपनी मन्नत हमने देखी है
ढलने लगी है शाम पलकों के साथ
पाकिज़ा होती किस्मत अपनी देखी है...

True love can wait the right time just keep hoping and praying for what's best for both of you, because true love never gives up.... –

Kate

काजल

यह जो प्रीत का काजल आँखों से बह रहा है
बिन कहे ही आँखों से सब कुछ कह रहा है
एक हम हैं जो पिघल रहे हैं किसी की आस में
एक वो है जो उनके इतने करीब रह रहा है

कजली कजरारी तेरी आँखों का काला काजल
शर्माते हुआ शामियाने का मेहमान बन गया
एक हंसी भी तेरी रात की बिजली सी लगी
इनका झुकना भी इश्क की दास्तां कह रहा है

अपनी हदों को काबू किया है बड़ी दुश्वारियों से
वरना हसरतों का इक समन्दर सा उमड़ रहा है
झुकती हुई पलकों का असर भी कातिलाना है
तुम क्या जानो यह दिल क्या क्या सह रहा है

घटा भी पैरहन बन गयी है तुम्हारे काजल की
ये लम्हा भी रुक गया इसके एक दीदार को
खता बक्श देना जो आज कोई गुनाह कर बैठूं
आँखों के किनारों से मेरा सब्र भी बह रहा है

Someday you will meet the one,
who will watch every sunrise with
you until the sunset of your life.

प्यार से प्यार को थाम लो
इश्क में बस इश्क का ही नाम लो
सजदे करूँ रातों में जग जग के तुम्हारे
हम होश में ना आएं तुम ऐसे थाम लो

प्यार से प्यार को थाम लो
इश्क में बस इश्क का ही नाम लो

मेरी दुनिया तुझमे कहीं खो जाए
तुम अपना जहाँ मुझमे बसा लेना
चांदनी सी बिखरूं तुम्हारे बदन पर
ऐसे मंजर की कसमें सुबहो शाम लो

प्यार से प्यार को थाम लो
इश्क में बस इश्क का ही नाम लो

कभी ख़त्म ना हो चाहत का सफ़र
उतरे न दिल से इबादत का असर
सपनों की दुनिया की परी बनूँ में
तुम अपनी जादूगरी से ऐसा काम लो

प्यार से प्यार को थाम लो
इश्क में बस इश्क का ही नाम लो
सजदे करूँ रातों में जग जग के तुम्हारे
हम होश में ना आएं तुम ऐसे थाम लो

"All I ever wanted from you was to know that I was wanted *by* you. That would have changed everything."

— *Richelle E. Goodrich,*
Smile Anyway: Quotes, Verse, &
Grumblings for Every Day of the Year

बरसी कितनी मेरी आँखें
तरसी कितनी मेरी आँखें
साजना वे .....
माहिया वे.....
तेरे बिन..
तेरे बिन .....

सोचा न था ये भी आएगी
रात तन्हा तन्हा जाएगी
काजल बिखरा कर माथे पर
पलकों पे आंसू दे जाएगी

भीगी कितनी मेरी आँखें
जागी कितनी मेरी आँखें
साजना वे .....
माहिया वे.....
तेरे बिन..
तेरे बिन .....

खुलते ही इनके बस तेरा चेहरा
पलकों के ढलते तेरा रंग गेहरा
छलकतीं भी हैं तेरा नाम लेकर
चाहती हैं तेरी नज़रों का पेहरा

मानी ना इक पल मेरी आँखें
सोयी न इक पल मेरी आँखें
साजना वे .....
माहिया वे.....
तेरे बिन..

"Only one person in the room didn't cry that day and it was the man hunched on a chair, singing passionately from the darkest corners of his soul."

— *Anna McPartlin*

मुझे यार पे मिट जाने दो....

आज बेसबब बेहया हो जाने दो
यारों मुझे यार पे मिट जाने दो
मेरी परछाइयों को उसमे सिमटने दो
शाम बनकर रात में पिघल जाने दो

मुझसे छीन लो, मुझे बंजर हो जाने दो
यारों मुझे यार पे मिट जाने दो....

हसरत से हसरत को मिलना है आज
ज़ख्म को तेरे अब्र से सिलना है आज
पार समंदर करना भी है
खुद मिटकर इश्क को खिलना है आज

मुझसे सब लेलो, मुझको ही लुट जाने दो
यारों मुझे यार पे मिट जाने दो

उसके सामने मेरी हस्ती तिनके सी है
उचक कर ज़मी से चाँद को छूने सी है
चांदनी बनकर बरसना भी है
कैसे कहूँ यह आरज़ू भी उन्हें चूमने सी है

मुझको जला दो, मुझको ही जल जाने दो
यारों मुझे यार पे मिट जाने दो

There are two freedoms – the false, where a man is free to do what he likes; the true, where he is free to do what he ought.

Charles Kingsley

बधाई हो !!

जाने किस मसीहा के इंतज़ार में हैं हम
शायद फिर से गुलामी की कतार में हैं हम
जालिमों के चेहरे बदल रहे हैं सालों से
उन चेहरों पर लगे मुखौटों के दलाल हैं हम
बड़े ख़ास हैं यह चेहरे
इनकी बेईमानी के काबिल पहरेदार हैं हम

बधाई हो !!
आज वीरगति मिली है आजादी को

बन के रहनुमा हमें ही लूटते हो और पीछे
लंगोट वाले फकीर की बानी कूटते हो
सदियों से हम सब का ज़मीर सोया हुआ है
उस अपाहिज जनता का अहम् कुरेदते हो
बड़ी पावस हैं तुम्हारी शामें रातें
इन्हें हमारी झोपड़ियों में क्यूँ खोजते हो

बधाई हो !!
आज वीरगति मिली है आजादी को

लुटा दो अस्मत अब सभ्यता की
हड़प्पा और अशोक की सत्ता की
अजंता और एलोरा की महत्ता की
कर दो बेपर्दा अपनी हवस से जनता में
बड़ा सुकून है तुम्हारी विलासिता में
दे दो तिलांजलि अब वितस्ता की

बधाई हो !!
आज वीरगति मिली है आजादी को

Memory is a great artist. For every man and for every woman it makes the recollection of his or her life a work of art and an unfaithful record.

Andre Maurois

शायद.....

धड़का तो अपना दिल भी था
शायद दुनिया के शोर में तुमने सुना न हो
चलके तो अपने अश्रु भी थे
शायद ज़माने की चकाचौंध में दिखा न हो
तारीफों के पुल तो हमने भी बांधे
शायद झूमर की रौशनी में वो खुला न हो
सजाया तो हमने भी घरोंदा तेरे लिए
तेरे महलों की ओर अपना रस्ता मुडा न हो
गुज़रे तो थे हम भी तूफानों से
क्या पता था साहिल पर कोई खड़ा न हो
नज़रों का खंजर सीने में लगा तो था
शायद ज़ालिम के मुख्तलिक कोई मरहम न हो
सूखे पत्तों से आशियाँ सजाया तो था
शायद इन पत्तों में कालीन की मखमल न हो
गर्म साँसों का बिस्तर बनाया तो था
शायद तेरे कोमल बदन को पसंद न हो
मिटे तो हम भी तेरी मुहब्बत में
शायद मरने का जश्न तेरे घर तक आया न हो
इश्क तो हमने भी किया बेहिसाब
शायद तेरे आँचल में अपने लिए दुआ न हो

189

"Only in the agony of parting do we look into the depths of love."

George Eliot

जाने के सौदे हुए तो नहीं थे
पर इतने हौले से जाना की टकराहट ना हो

दुनिया समझ बैठी थी तुझे मेरा
पर इतने हौले से जाना की सुगबुगाहट ना हो

वैसे तो आंसुओं की जुबां नहीं होती
पर इतने हौले से जाना की कोई आहट ना हो

अफ़सोस से भरे हैं रिवाजों के अंजाम
पर इतने हौले से जाना की कड़वाहट ना हो

कुछ बंधा सा लगता है मुझे अभी भी
पर इतने हौले से जाना की झुंझलाहट ना हो

बेशक भारी है मन तेरे क़दमों का
पर इतने हौले से जाना की रूकावट ना हो

इतने हौले से जाना की दिखावट ना हो....

Before you embark upon a journey of revenge, dig two graves.

There is no revenge in love.

Only pain.....

काश तुम्हे कोई तुम जैसा मिले
दे दे ज़ख्म और फिर ना सिले

काश तुम्हे कोई तुम जैसा मिले

दस्तक दे फिर आवाज़ लगाए
जब बाह फैलाओ तो लगे ना गले

काश तुम्हे कोई तुम जैसा मिले

पलकों के तले एक जहान सजाए
जब रात आए वो आँखें मूँद ले

काश तुम्हे कोई तुम जैसा मिले

गुदगुदाए तुम्हे.खुद खिलखिलाए
जब तुम मुस्कुराओ,भूल जाए सिलसिले

काश तुम्हे कोई तुम जैसा मिले

लोरी सुनाकर तेरी निंदिया बुलाए
जब आँख लग जाए वो अँधेरे में घुले

काश तुम्हे कोई तुम जैसा मिले

नाराज़ियों को समझे, नाज़ उठाए
जब आदत पड़ जाए,असली चेहरा खुले

काश तुम्हे कोई तुम जैसा मिले

There is a place inside me
where your fingerprints still rest,
your kisses still linger, and your whispers softly
echo. It's the place where apart of
you will forever be a part of me.

गर तुम्हे फुरसत हो आज हम कुछ सुनाना चाहते हैं
इश्क़ गिरवी रख तेरी बेरुखी से क़र्ज़ उठाना चाहते हैं

प्यार का असल नफरतों के ब्याज से भारी है सदा
बेचकर खुद को तेरी साहूकारी आज़माना चाहते हैं

जागीरों वाली तुम्हारी रियासत देखो कैसी कंगाल है
सूद के दानों की भरपाई करके ये जताना चाहते हैं

प्यार तुझ पे उधार रहा पर तेरी बेवफाई हम चुकाएंगे
व्यापार जैसे तेरे रिश्तों पे तेरा अंगूठा लगाना चाहते हैं

क्या हुआ जो ख्वाबों का शीशमहल चकनाचूर हुआ
फ़क़ीर हैं पर फूटी किस्मत पर दांव लगाना चाहते हैं

कभी जो भारी लगे नफरतों की किश्तें तो घबड़ाना ना
प्यार में रियायत देकर तुझे आइना दिखाना चाहते हैं

About the Author

- Born in Gorakhpur and did schooling from Varanasi, Uttar Pradesh.

- Father is a lawyer and mother is a house-wife.

- Graduated from National Institute of Technology, Jamshedpur in 2009.

- Joined as Graduate Engineer Trainee in 2009 in Tata Hitachi Construction Machinery Limited.

- Appeared twice for IAS Interview.

- Currently working as Manager in Tata Steel.

- Founded my own NGO 'Sankalp-A Pledge to Change' at the age of 23. The NGO has now spread to 3 states of the country and provides free of cost tuition to more than 2200 tribal children through its 20 centres.

- Winner of Vision India Foundation Award for social work.

- Hobbies are Singing, Poetry Writing and Social Work.

- Was the President of the Student Union while in college and has deep interest in joining politics in later part of the life.